全脑思维
妙趣创造

基础篇

刘学智◎主编

吉林出版集团股份有限公司

图书在版编目（CIP）数据

妙趣创造．基础篇 / 刘学智主编．-- 长春 : 吉林
出版集团股份有限公司，2020.5
（全脑思维）
ISBN 978-7-5581-8609-7

Ⅰ．①妙… Ⅱ．①刘… Ⅲ．①智力游戏－儿童读物
Ⅳ．① G898.2

中国版本图书馆 CIP 数据核字（2020）第 070442 号

MIAOQU CHUANGZAO JICHU PIAN

妙趣创造　基础篇

主　　编：刘学智
出版策划：孙　昶
项目策划：郝秋月　范　迪
责任编辑：郝秋月　于媛媛
责任校对：杨　蕊　周思彤　李易媛
排版制作：长春美印图文设计有限公司
出　　版：吉林出版集团股份有限公司
　　　　　（长春市福祉大路5788号，邮政编码：130118）
发　　行：吉林出版集团译文图书经营有限公司
　　　　　（http://shop34896900.taobao.com）
电　　话：总编办 0431-81629909　　营销部 0431-81629900
印　　刷：长春新华印刷集团有限公司
开　　本：170mm×240mm 1/16
印　　张：12
字　　数：150千字
版　　次：2020年5月第1版
印　　次：2020年8月第2次印刷
书　　号：ISBN 978-7-5581-8609-7
定　　价：60.00元（全2册）

印装错误请与承印厂联系　　电话：0431-86059099

人的大脑分为左脑和右脑两部分，左脑又叫意识脑，侧重理性和逻辑，主要掌管语言、文字、符号、计算、推理和分析判断等，在抽象思维方面占优势；右脑又称本能脑，侧重形象和情感，掌管图形、色彩、空间定位、想象和创造等，在整体知觉和形象思维方面有明显优势。

全脑思维是一种创造性的思维方式。它能充分调动左、右脑的优势，通过任意改变思维方式，从多角度、多视野去认知和思考事物；能多方法、多维度、多层次地提出问题、分析问题和解决问题，是一种高效的思考分析及输出表达过程。

世界著名儿童心理学家让·皮亚杰认为，7~12岁儿童处于具体运演阶段，孩子从表象性思维中解脱出来，认知结构中具有了抽象概念，能够进行逻辑推理。而从人的智力发展的全整性来看，思维能力的提升，将有助于其智能的全面发展。因此，对孩子进行全方位潜能开发和多角度思维拓展，帮助孩子构建创新思维体系，将对孩子的一生起到决定性影响。为此，我们以"多元智能理论"为支撑，以核心素养为培育目标，结合国际前沿基础教育教学理念，为孩子量身打造了一套全脑思维训练丛书。

《全脑思维》以全脑开发为宗旨，按照左、右脑的主要功能，以"逻辑""数学""想象""创造""记忆"五大主题为切入点，精心设计了 600 余道形式多样、内容丰富的思维训练题，并根据题目难易程度，贴心地进行了星级排序，让孩子在自由选择、享受挑战乐趣的同时，全面提升记忆力、专注力、观察力、判断力、想象力、理解力、创造力、逻辑力、分析力、语言力等能力。

这里没有枯燥的公式，仅用简单轻松的方式，带领孩子进入思维世界，打开脑力活动通道，挖掘大脑潜能、优化思维模式、激发多维脑力，让孩子获得解题的快乐和满足，拥有与众不同的思维方式，轻松掌握高效的分析问题、解决问题的思路和方法，提升创造性。如果能够将这些技巧举一反三，还能从中获得更多启发。

现在，就请随我们走进本书，体验快速提升全脑思维能力的喜悦，迈出成功人生的第一步。

目录
Contents

第一章　图形达人

第二章　大建筑师

目录
Contents

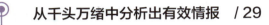

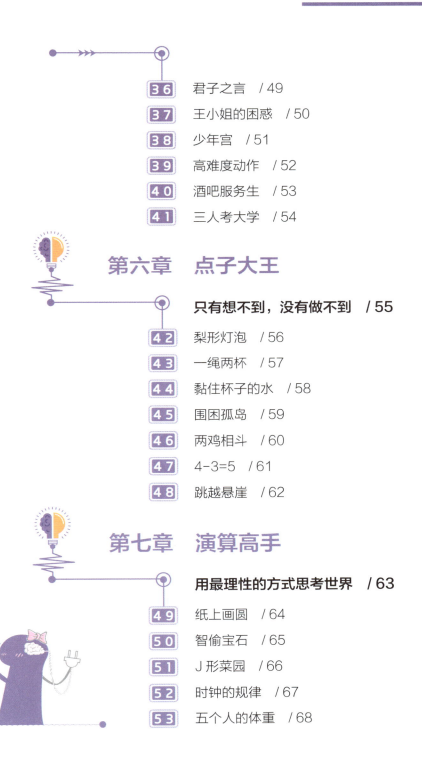

第六章　点子大王

只有想不到，没有做不到 / 55

第七章　演算高手

用最理性的方式思考世界 / 63

目录
Contents

第八章 商业大亨

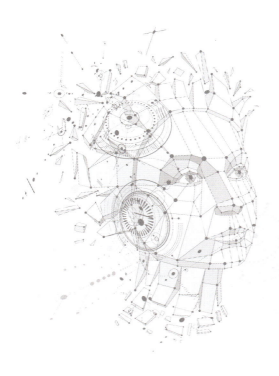

观察是创造力养成的基础，是我们接触外界信息的重要方式。有意识的图形推理训练是提高观察力的重要途径。有效地使用自己的眼睛捕捉到足够的信息，是提升观察力的前提；对看到的事物进行深入的理解和准确的把握，是提升观察力的重点所在。

观察不仅仅要着重发现事物的变化，还要观察其内在本质。通过经典的二维图形训练可以锻炼直觉思维，培养多角度、多层次、多方式的观察问题、分析问题并解决问题的思维习惯。

经过有意识的观察力训练，你会变得更加聪明、睿智，能发现别人不能发现的东西。

第一章 图形达人

跟着感觉走，观察神奇的世界

最近的距离

★☆☆☆☆

从 A 点到 B 点中间隔着一个小花坛，花坛的两边有两条小路（如下图所示，图上的线条表示小路）。仔细观察，看走哪条路近一些？

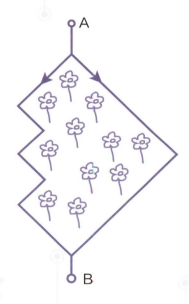

 思维能力培养

对比是训练观察力的好方法。我们不仅仅要着重发现事物的变化，还要观察其内在的联系。

巧取彩球

★☆☆☆☆

一段透明的两端开口的软塑料管内有 11 个大小相同的圆球，其中 6 个是白色的，5 个是彩色的（如下图所示）。整段塑料管的内径是均匀的，只能让一个球勉强通过。如果不先取出白球，又不切断塑料管，那么，你用什么办法才能将彩球取出来？

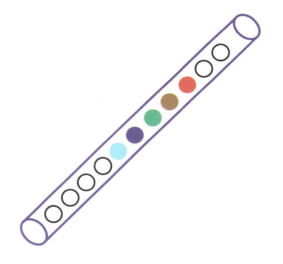

 思维能力培养

在观察事物的时候要发现其特点，比如软管的特点在于"软"。将问题的切入点放在特点上，往往能够找到快速解决问题的办法。

咬合齿轮

★★☆☆☆

如果下图 A 处的箭头代表齿轮逆时针转动，装了梨子的六边形的运动方向是上升还是下降？

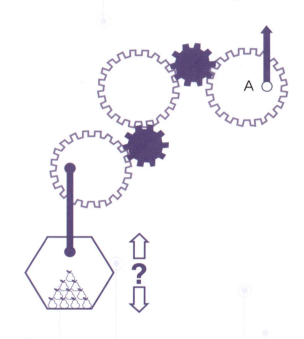

A ○

思维能力培养

　　仔细观察齿轮的转动方向，根据齿轮转动规律解决问题。仔细观察、认真分析是解决问题的有效方法。

分割铜钱

★★☆☆☆

一枚铜钱上，对称地做了些标志符号。现需要将它切割成大小、形状相同的四块，使每块都恰好带有一个小圆圈和一个三角形。

怎样切割才符合要求呢？

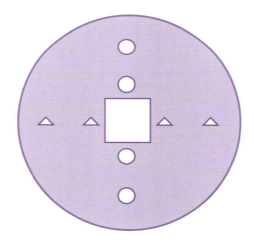

思维能力培养

　　仔细观察圆中的孔为正方形，要按要求将铜钱切割成四块，每块应占有正方形的一个边，围绕这个中心思考，就能找到解决途径。

奇怪的耶鲁锁

05

★★☆☆☆

这是一把耶鲁锁的横切面。锁栓的高度因销的插入部分而不同，看起来这是一把有 5 道保险的坚固的锁。可为什么把钥匙插进去了，却打不开呢？

 思维能力培养

仔细观察，找到问题的关键，围绕关键解决问题。

土地公公的建议

★★☆☆☆

有一天，唐僧师徒四人来到十魔山，被眼前的 10 个妖怪挡住了去路，孙悟空、沙僧和猪八戒奋力拼杀，最后还是以失败告终。孙悟空聪明一世糊涂一时，抓破了头皮也没有想出办法来。

这时，土地公公告诉孙悟空，只要你能用金箍棒在大圆圈中画出三个一样大的圆圈，用这三个圆圈把他们 10 个妖怪一个一个分开，你就可以打败他们了。

土地公公说的是真的吗？这个问题有解决的办法吗？

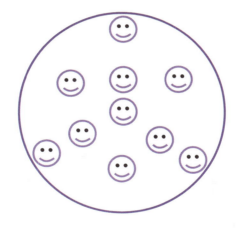

思维能力培养

如果你仅仅想到用一个圆圈来圈住一个妖怪，那么三个圆圈是不够用的，要打破思维局限，让一个圆圈圈住多个妖怪。

07

精致的迷宫

★★★☆☆

从雕饰迷宫中的入口进入，看能否找到一条路线走出去。可以用铅笔来帮助自己完成这个任务。

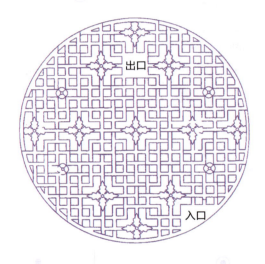

出口

入口

 思维能力培养

观察力的训练主要侧重于眼力的训练，在日常生活中也要做到高效地使用自己的眼睛获得准确的信息，学会对看到的事物进行深入的理解和准确的把握。

驱车寻宝之路

★★★☆☆

　　某地的慈善委员会组织了一次驱车寻宝活动，寻找一桶藏在 Z 村的啤酒。所有的车先在 A 村集合，然后参赛者们分头去其他九个村子寻找线索。把这些线索集中在一起研究，才会知道那桶啤酒藏在 Z 村的什么地方。最先回来并宣布找到啤酒桶的是小威尔金斯。他巧妙地安排了自己的路线，从 A 村到达 Z 村，并沿途获得了所有线索，却没有重复走进任何一个村子。其余的人则一直在走弯路。他的线路是什么样的呢？

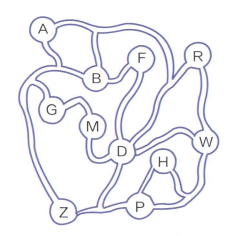

思维能力培养

　　遇到困难时要鼓励自己不断去尝试。当遇到一种思路无法解决问题时，应当摆脱原来的思路，鼓励自己找到下一个解决问题的方法。

合二为一

★★★☆☆

U 形的玻璃管中，灌入水和两个乒乓球，如甲图所示。

试问，在水和乒乓球都不能掉到玻璃管外的情况下，如何使甲图变成乙图。

甲　　　　　乙

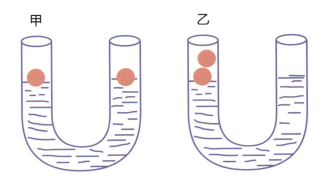

 思维能力培养

　　在解决问题的时候，要学会借助外在条件。比如在这一问题中，借助外物将 U 形玻璃管的开口堵住，就可以迅速解决问题。

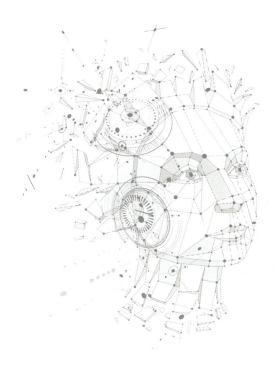

每个人都拥有一双眼睛能够看到物体的空间位置，而不是像照片或者图片一样给人平面的感觉。这是因为人的左、右眼看到的图像并不相同，之间细微的差别被大脑识别，这样可以判断物体的空间位置。

空间能力具有高度可延展性，通过锻炼，任何人都有可能提高这种能力。

通过一些用平面图像表达立体感的训练去思考事物的具体形状、位置，提升立体思维能力，可以更好地认识和了解生活空间，提高空间想象能力。

提高空间想象力，可以通过观察生活中的物体、画图辅助想象、动手制作立体模型、依托实物模型进行想象、利用点线面加强对三维空间的认识等步骤来实现。

第二章　大建筑师

给想象力来一场 3D 风暴

俯视

★☆☆☆☆

将 4 张布安在这个支架上。从它的正上方俯视，将看到什么图案？

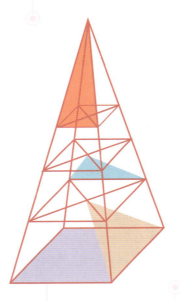

 思维能力培养

　　锻炼人们的创造性思维活动，要学会把所有感知到的对象依据一定的标准"聚合"起来，以便找到它们的共性和本质。

巧用尺

下图是一块砖。现在要求不通过数学运算的方法，而是通过尺子量出从 A 到 B 的内部斜对角线的长度，可以做到吗？

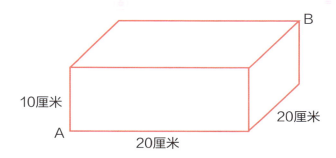

10厘米

20厘米

A

20厘米

B

思维能力培养

借助辅助工具将立体问题平面化，可以更方便地解决问题。

残缺的纸杯

★★☆☆☆

一个斜切的纸杯，其侧面展开图是什么样的呢？

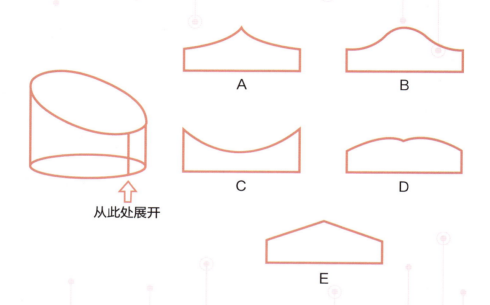

从此处展开

A

B

C

D

E

思维能力培养

可以找到一个纸杯，用剪刀制作成图中的形状，再将其展开，对照自己想象中的图形，看是否一致。也可以找到其他的立体图形，在头脑中进行验证，再根据上述方法进行实验。通过实验提高自己的空间想象能力。

难搭的桥

★★☆☆☆

请搭出如图所示的桥。

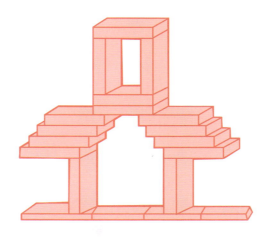

思维能力培养

　　乍一看，这种结构的桥是搭不出来的，因为还没搭几块，桥就会因为重心不稳而倒塌。可是，如果找到正确的思路，搭这座桥就是轻而易举的事情。

几个正方体

14

★★☆☆☆

有一个表面刷了颜色的立方体木块，长 5 厘米、宽 4 厘米、高 3 厘米，现欲将其切成边长为 1 厘米的正方体。能够切出多少个有两个面刷了颜色的正方体？

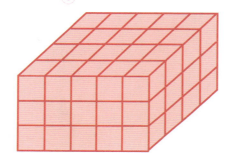

 思维能力培养

提高立体思维要从基础开始，从点到线、从直线到平面、从平面到立体，逐渐锻炼空间感。

定做相框

★★★☆☆

有人想定做一个相框，用来装自己的立体画，相框边框材料粗细要求一样，形状、尺寸如下图所示，拐角部分都要做成直角，需要多长的材料呢？

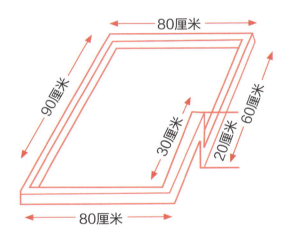

 思维能力培养

运用空间想象力，将平面图形立体化，就能很快得出答案。

杯中取币

16

★★★☆☆

有一次，国王把一块金币和一块稍大的银币放在杯中（如图所示），对囚犯说："你们谁能不用手或其他工具，从杯中取出金币，我就给谁自由。"

请想一想，有什么好办法吗？

银币

金币

思维能力培养

你见过旋风的力量吗？如果你把注意力转向吹气的问题上，就可以缩短解决问题的时间。

图形变变变

如果， 转化为 ，那么 转化为下面哪个？

A　　　　B　　　　C　　　　D

 思维能力培养

　　题目中的图案与转化后的图案存在一定的关系，找到这个规律之后就可以排除其他图案。

不一样的素描

★★★☆☆

下图是两块木板的素描图，如果说"B木板"比"A木板"长，请分析一下原因。

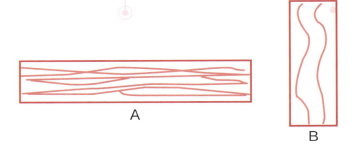

A

B

思维能力培养

　　灵感是发挥创造力的前提。这道题目就需要灵感的指引，所以我们平时一定要注重捕捉自己的灵感，发挥灵感的神奇力量。

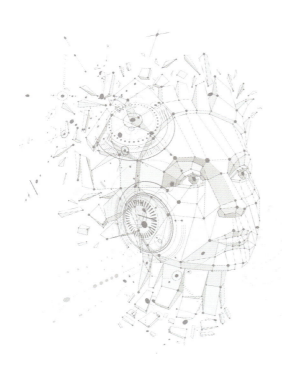

本来很简单的问题，由于受表面现象的干扰，结果被看得很复杂，使问题无从解决。

解决这些问题，就要学会把问题简单化，只要在思维过程中化烦琐为简单，就会在扑朔迷离的万事万物背后发现简单的规律。认真观察，找出问题的本源，就会迅速找到解决问题的关键。

巧妙利用自己的知识、养成缜密思维的习惯，通过分析思维对已知的条件进行整理，分清主次详略，并对整理的结果进行重新组合、构建，可以使问题得以顺利解决。

第三章　秘密特工

从千头万绪中分析出有效情报。

绘图接龙

★☆☆☆☆☆

下面 3 幅图是按一定规律排列的，请你绘出第四幅图。

♡ M ∞

 思维能力培养

锻炼思维能力要养成深钻细研的习惯。每当遇到问题时，尽可能地寻求其规律性，或从不同角度、不同方向变换观察同一问题，以免被假象所迷惑。

动物排排队

20

★☆☆☆☆

你能找出图中动物排列的规律，并说出问号处应填上哪种动物吗？

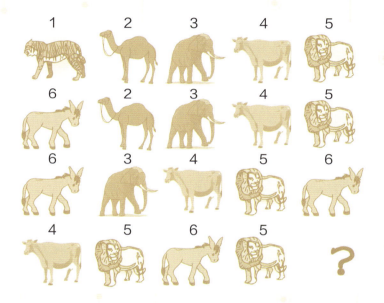

 思维能力培养

在思维训练中学会"同中求异"的思考方法：将相同事物进行比较，找出其中在某个方面的不同之处，将相同的事物区别开来。同时还必须学会"异中求同"的思考方法：对不同的事物进行比较，找出其中在某个方面的相同之处，将不同的事物归纳起来。

下一个是谁

21

★★☆☆☆

依据图形变化规律找出第四幅图形。

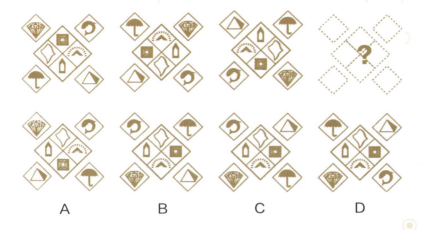

A   B   C   D

思维能力培养

仔细观察，寻找规律，可以快速找到答案。

亮着的灯

22

★★☆☆☆

甲和乙在讨论一幅图，甲说图中是左边的灯亮着，乙则说是右边的灯亮着，你说到底是哪边的灯亮着？

 思维能力培养

在解这个谜题的时候，可以运用直接的思维方式。

形单影只

23

★★★☆☆

下列图形中哪一个是与众不同的?

A B C D E

 思维能力培养

观察图形，找出规律，即可解题。

里氏地震回想录

地震是地球内部运动引起的地表震动的一种自然现象。地球上板块与板块之间相互挤压碰撞，造成板块边沿及板块内部产生错动和破裂，是引起地面震动（即地震）的主要原因。我们知道，地球表面并不是一块完整的岩石，而是由大小不等的板块彼此镶嵌组成的，其中最大的有六块，它们是南极板块、欧亚板块、美洲板块、太平洋板块、印澳板块和非洲板块。这些板块在地幔上面每年以几厘米到十几厘米的速度漂移运动，相互挤压和碰撞。在一次报道中，我们得到了5个信息，请试着排列其先后顺序。

（1）新闻报道发生了一次里氏6.8级地震。（2）人们纷纷向外跑去。

（3）老鼠窜来窜去，鸡不入舍。（4）有人跳出窗户摔伤了脚。

（5）室内的吊灯在摆动。

A.（1）-（3）-（5）-（2）-（4）　　B.（3）-（5）-（2）-（4）-（1）

C.（1）-（5）-（3）-（2）-（4）　　D.（2）-（4）-（5）-（3）-（1）

思维能力培养

　　要注意加强知识和经验储备。只有这样才能在分析过程中排除干扰，捕捉重点信息。

25

最佳选择

★★★☆☆

你能选一个能取代问号位置的图形吗?

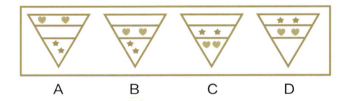

A   B   C   D

思维能力培养

处理问题时,不要单纯依靠一种思维能力,应将多种思维相结合。

　　推理就是大脑思维整合的最后一步，是智力活动的最高级层面。

　　通过推理，不仅可以活跃思维，挑战智慧，还能最大限度地激发推理潜能，拓展想象空间，在潜移默化中提高逻辑思维能力，提高智商。

　　我们要养成从多角度认识事物的习惯，全面地认识事物的内部与外部之间、某事物同其他事物之间的多种多样的联系。在进行推理的时候，运用演绎推理、归纳推理和类比推理三种推理方法，找出事物的关联，发现异同，找到答案。

普希金的绘画状态

26

★☆☆☆☆

下列语句排序哪个选项是正确的?

①每当普希金诗情洋溢时,形象便在脑海里缤纷涌现

②这是他独有的一种绘画状态

③绘画是普希金的一种表达方式

④所以普希金的画大部分画得很快,是他瞬间形象想象的灵性记录

⑤他大量的画,是绘在他诗作的手稿上的

A. ③⑤①②④　　B. ①②③⑤④

C. ②①③④⑤　　D. ①④③②⑤

 思维能力培养

　　仔细阅读,结合实际经验,即可找出答案。

怀表的悬赏启事

27

★☆☆☆☆

罗蒙德医生的一块祖传怀表丢失了。他吩咐司机路里在当地报纸的广告栏里登了一则寻找怀表的启事。这会儿，罗蒙德正拿着报纸仔细看着启事。

启事登在中缝。标题：找到怀表者有赏。全文如下："怀表属祖传遗物，悬赏250美元，有消息望告知，登广告者LMD361信箱。"

路里正在花园里干活，这时，门铃响了，开门一看，外面站着一位绅士。他恭敬地说道："我叫亨利。我是为那则怀表启事来的。怀表是你的吗？"

罗蒙德想不到这则启事还真管用。他激动地抓住亨利的手说："是的，就是这块表。真是太感谢你了。你是在哪儿捡到的？"

亨利说："这表不是捡到的，是我在车站看见一个小孩兜售这块表，就用5美元买了下来。今天，我从报纸上看了广告，马上就赶来了……"

罗蒙德还没等亨利说完，便和路里将他扭送到了警察局。

这是为什么？

思维能力培养

· · ·

不要陷入习惯与常理的说法中，要善于质疑，将原有问题进行全新角度分析。

28

护送宝马

★★☆☆☆

一位欧洲富人不惜重金从亚洲买了一匹日行千里、夜走八百里路的宝马。为了把马安全运送到家，他专门请了一支手枪队来保护这匹马。手枪队和这匹马在火车的同一节车厢上，火车运行中，马却被盗了。据说这支大约 10 人的手枪队一直和马寸步不离，而且并不是手枪队监守自盗。

这究竟是怎么回事呢?

 思维能力培养

这个问题要借助整体思维。将整个车厢视作一个整体，那么疑问就迎刃而解了。所以在平时要有意识地培养整体思维能力，学会整合性思考，建立全面思维。

情报电话

★★☆☆☆

摩西警长来到路易斯大街发现街角有一伙人，都是正在缉捕的在逃犯。

警长便用电话通知警局。他装着和女朋友通电话，这伙人听到的电话内容是这样的："亲爱的莉莉，你好吗？我是摩西，昨晚不舒服，不能陪你去看电影，现在好多了，全靠你在路易斯大街买的那瓶特效药。亲爱的，不要和目标生气，我们会永远在一起的，请你原谅我的失约，我的病不是很快就好了吗？今晚赶来你家时再向你道歉，可别生我的气呀！好吧，再见！"

这伙人听了大笑不止，可是 5 分钟后，警方突然出现在他们面前，他们不得不举手投降。

请问，摩西是如何向警方提供情报的？

 思维能力培养

找出事物的关联，发现异同，从中运用合适的推理方法找到答案。

神秘的"触电"

30

★★☆☆☆

亚马孙河是世界第二大河流，经巴西流向东方的大海。在亚马孙河上游，有一片神秘的热带雨林。

一个昆虫学家来到这里采集蝴蝶标本。在这片热带雨林里，他终于忍受不了酷暑的炎热，决定到河里洗个澡。

他刚脱光了衣服，想要扎进河里痛痛快快地洗去浑身的炎热时，突然发现一条鳄鱼在水中一阵剧烈扭动之后漂浮在水面上不动了。经检验，鳄鱼是因触电而死。

然而，这里既无发电机，也无输电线路。当时天空晴朗，万里无云，也不可能是遭受雷击。

究竟是怎么回事呢？

 思维能力培养

在思考的时候，有时候不必深入地分析，仅依据感知或者简单的思维迅速对问题做出判断即可。但是不要毫无根据地主观臆断，而是要在平时生活中多储备丰富的实践经验和生活常识。

自吹自擂的小伙

31

★★☆☆☆

　　琳达喜欢纽约的年轻小伙斯蒂芬是众人皆知的事情，然而大家都不看好这场恋爱，因为琳达是一个非常纯洁的女孩子，而斯蒂芬却油嘴滑舌、不务正业。在一次约会中，斯蒂芬又开始对琳达自吹自擂起来。

　　他说："琳达，你可是不知道我有多能干，昨天酒吧的那个老板又送了我三百多美金呢，我去了'海钓天堂'，可是，我不知道有刺客盯上我了！幸好我机智勇敢，而且善于观察。当一个刺客偷偷从背后过来，正要用匕首刺我时，我就用海的水面做镜子，看到了他那贪婪的眼神。于是，我不动声色地钓鱼，然后在一个瞬间便迅速挥起鱼竿朝后抡去，正好，我那漂亮的鱼钩不负我望地钩住了那家伙的脸，那家伙就号叫着逃走了！"

　　喜欢钓鱼的琳达初一听可是为自己的爱人捏了一把汗，可是，瞬间琳达便变了脸，有些受伤地叫道："你不要再骗我了，你不可能发现后面的袭击者，你为什么还是这么爱自吹自擂呢？"

　　那么，琳达为什么能从崇拜的眼光中跳出来，发现斯蒂芬在自吹自擂呢？

 思维能力培养

　　　　利用自己所学的知识，可以提升创造力。

奇特行动

★★★☆☆

在一幢 10 层的住宅大楼中，装有自动电梯。住在 10 层的 A 不知什么原因，每当外出下楼的时候都乘电梯，而上楼的时候，几乎不乘电梯。晚上，人们往往看到他经常在电梯最底层附近转来转去，直到连个人影也没有的时候，才一个人一步步地登着楼梯上楼。

请你想想，A 为什么行动这样奇特？

 思维能力培养

司空见惯的事情往往会成为解题的障碍，我们必须拓展思路，考虑所有的可能性。

奇怪的钟表

★★★☆☆

帆帆的爸爸喜欢收藏一些稀奇古怪的东西。有一次，帆帆进爸爸的书房，看到桌上的时钟显示 12 点 11 分。

20 分钟后，他到爸爸的书房去，却看到桌上的钟显示 11 点 51 分。

帆帆觉得很奇怪，40 分钟后他又去看了一次钟，发现它这一次显示 12 点 51 分。

这段时间没有人去碰时钟，房间里也只有这个钟，爸爸又是用这个钟在看时间，究竟是怎么回事呢？

思维能力培养

对同一事物或现象，从不同的角度加以观察思考，可以获得新的认识或设想。

摔倒的假象

34

★★★☆☆

不同的人分别扮演伤者、邻居和警察，模拟以下场景：某天清晨，在一堵围墙外的大树下发现一个受伤的人。伤者赤着脚，脚底有几条从脚趾到脚跟的纵向的伤痕。旁边有一双拖鞋。

邻居说道："他是想爬树翻入围墙，但不小心摔下来了。他可能是想行窃。"

但是，警察却说："不，这个人不是从树上摔下来的，而是被人击昏后放在这里的。凶手是想把伤者伪装成不慎摔倒的假象。"

你能判断谁说的对吗？

思维能力培养

要根据已知条件排除最不可能的结论，然后再根据已知条件逐步推导出正确的答案。

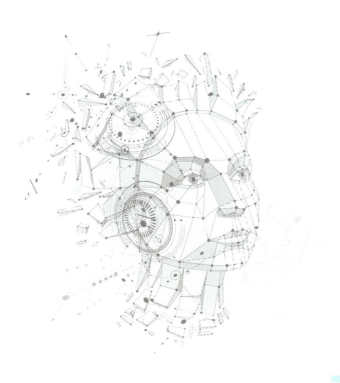

　　直觉判断，是对自己将要进行的生活和工作做出一个很准确的判断。当对各方面的事情都有了准确的判断后，我们就如同多了一双慧眼，会透过一切扑朔迷离的迷雾，清晰地看到事物的真实本质。

　　逻辑思维对思维方式和思维转变有着极其明显的作用，与应变能力和创新能力更是息息相关。

　　冲破思维定式，试着从不同的角度考虑问题，利用逆向思维和换位思考等新的思维模式，并将其与熟悉的场景联系起来，创新能力就会得到突破和提高。

　　但是一定要记住，"授之以鱼，不如授之以渔"，只要掌握了常用的方法和技巧，以后遇到逻辑思维问题时不但会迎刃而解，还会让你的逻辑思维能力日益提高。

继承财产

35

★☆☆☆☆

　　史密斯夫妻没有兄弟、姐妹，史密斯的父母也早就去世了。他们只有一个儿子，也没有养子、养女。按本国规定财产只能由直系亲属继承，可当他们死后，他们的儿子打开遗书一看，发现自己只能得 1/3 的遗产。

这是怎么回事？

 思维能力培养

　　思考时，要学会避开语言中的陷阱。这道题给出的条件具有一定的迷惑性，但是仔细辨认就能够发现解决的方法。

君子之言

★☆☆☆☆

从前有一个人触犯了法律，被国王判处死刑。这个人请求国王宽恕，国王说："你犯了死罪，罪不能赦。但我还是允许你选择一种死法。"这个人一听，非常高兴地选择了一种死法，而国王一言既出，驷马难追，看到这样的结果只好无奈地摇了摇头。

这个人到底选择了一种什么死法呢？

 思维能力培养

这个人的选择体现了求异思维的思想，实现思维求异就要使自己的思维变得新奇，跳出习惯的思维框架，摆脱思维定式的束缚，克服直线思维，不断地变换自己的思维角度，这样才能从各个方面分析并找到最具创新的答案。

王小姐的困惑

37

★★☆☆☆

王小姐由于工作太累，想休假一周，但是下周她还有一些活动必须安排：陪儿子参观博物馆；去税务所缴税；去医院陪妈妈做体验；去宾馆见一个朋友。她想在一天内完成这些事，于是对这些情况进行了调查：住宾馆的朋友下周三外出办事，其他时间都在；税务所周六休息；博物馆只有在周二、周三、周五开放；体检医生每逢周二、周五、周六值班。

那么，她应该在周几做这些事情呢？

 思维能力培养

由已知向下分析找未知，由原因找结果，由表象发掘本质，一步步推导即可找到答案。

少年宫

38

★★☆☆☆

少年宫 1 楼至 4 楼的 8 个房间分别是音乐、舞蹈、美术、书法、棋类、电工、航模、生物 8 个活动室。

已知：（1）一楼是舞蹈室和电工室；（2）航模室上面是棋类室，下面是书法室；（3）美术室和书法室在同一层，美术室的上面是音乐室；（4）音乐室和舞蹈室都设在单号房间。请指出 8 个活动室的房间号。

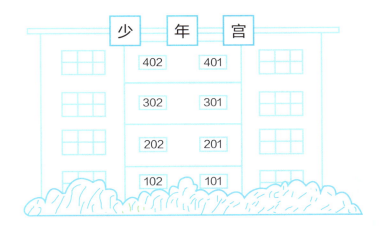

要对情况进行综合分析，把一切有联系的因素都考虑进去，然后分析、比较，即可得出答案。

51

39

高难度动作

★★☆☆☆

动物园里，有一只猴子专爱模仿人的动作。它的姿势、手势简直像一面镜子，模仿得无半点差错。

一个人走到猴子跟前，右手抚摸自己的下巴，猴子就用左手抚摸下巴；人闭上左眼，猴子闭上右眼；人再睁开左眼，猴子睁开右眼。

可是，有人却说："猴子再有本事，有一个很简单的动作它却永远不会模仿。"请问，到底什么动作那么难呢？

 思维能力培养

　　想要打破思维定式，就不要总是相信一直被人认为是正确的，也不要习惯于某种固定的思考模式。创新思维，要敢于并且善于提出新观点和新建议，并能够运用各种证据，证明自己的正确性。

40

酒吧服务生

★★★☆☆

两位陌生人进入了一家酒吧。服务生问他们想要喝点什么。第一个人说："我想要一瓶啤酒。"并将 50 美分放在柜台上。服务生问："你是要 50 美分的米勒啤酒还是要 45 美分的百威啤酒？"第一个人回答："百威啤酒。"第二个人说："我想要一瓶啤酒。"并将 50 美分放在柜台上。服务生没有问他就给了他一瓶米勒啤酒。

服务生如何知道这个人想要什么啤酒的？

 思维能力培养

打开思路，从多角度思考问题，可以得出不一样的结论。

三人考大学

★★★☆☆

约翰、汤姆、杰克逊同时参加了高考，考完后在一起议论。

约翰说："我肯定能考上重点大学。"

汤姆说："重点大学我是考不上了。"

杰克逊说："要是不论重点不重点，我考上一般大学肯定没问题。"

发榜结果表明，三人中考取重点大学、一般大学和没考上大学的各有一个，并且他们三个人的预言只有一个是对的，另外两个人的预言都与事实相反。那么，三人中谁考上重点大学，谁考上一般大学，谁没考上呢？

 思维能力培养

根据已知内容依次做出相应推理，同时结合问题对矛盾之处进行逐步排除。

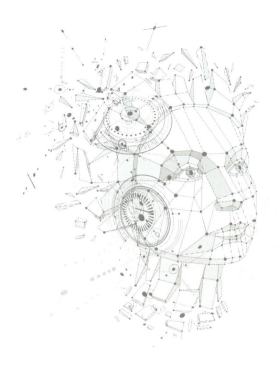

想象力是智慧的一部分，在人类的智力活动中占有很重要的地位。只有借助我们头脑里原来的表象进行加工，才能在生活和工作中有更多的创意。

发挥想象力对于思维能力的提高有很大的促进作用，可以通过以下方法提高想象力：

（1）大量的知识储备。

（2）善于对知识进行加工。

（3）培养多种爱好。

（4）破除思维定式。

（5）扩展思维视角。

开动你的创新思维，不断激发自己的创新能力，多一些想法，多一些创造，相信辉煌的成功迟早会来临！

第六章　点子大王

只有想不到，没有做不到

梨形灯泡

4 2

★☆☆☆☆

阿普顿是一名美国普林斯顿大学数学系毕业的高才生，毕业后跟爱迪生一起工作，但是他瞧不起没有学历的爱迪生。

有一次，爱迪生让他测算一个梨形灯泡的容积。于是，他拿起灯泡，测出了它的直径高度，然后加以计算。但是灯泡的形状不规则，它像球形，又不完全是球形；像圆柱体，又不完全是圆柱体。计算很复杂，即使是近似处理，也很烦琐。阿普顿画了草图，在好几张白纸上写满了密密麻麻的数据和算式，最终也没有算出来。正忙于做实验的爱迪生等了很长时间也不见阿普顿算出结果来，他走过来一看，便忍不住笑出了声，说："你还是换种方法算吧！"这时，阿普顿看见爱迪生用了一个很简单的方法算出了结果，脸一下子红了起来。

请问爱迪生用了什么方法？

思维能力培养

删除烦琐、趋于简约是解决问题的好途径之一。

一绳两杯

4 3

★☆☆☆☆

有两个形状和大小都相同的杯子和一根长麻绳。在不用将两个杯子捆绑的情况下，你能只用这根绳子就把这两个杯子都提起来吗？

 思维能力培养

　　发挥想象必须有丰富的想象素材，扩大自己的知识范围。知识越丰富，视野越开阔，就越能发挥我们的想象力，提高创造力。

黏住杯子的水

44

★★☆☆☆

拿两个同一规格的玻璃杯，把一个放在另一个里面，在套在外面的杯子口上淋点水，使两个杯子之间形成薄薄的一层水膜。

试试看，如何把两个杯子分开？

 思维能力培养

运用所掌握的常识性知识，对问题进行科学预测，即可快速解决问题。

围困孤岛

45

★★☆☆☆

有一个人在散步时，从桥上走到了由流沙堆积成的小岛。不料在返回时，刚走了两三步，桥就发出嘎吱嘎吱的响声，好像就要断了似的，他只好返回小岛。这个人不会游泳，四处呼叫也无人理会，他只好待在这个岛上，搜肠刮肚地想办法。他竟在岛上困了 10 天，到第 11 天，他才渡过此桥回到河岸。

你说这是怎么回事？

 思维能力培养

每当观察到一个事物或现象时，无论是初次还是多次接触，都要多问"为什么"，并且养成习惯；每当遇到难题时，尽可能地从不同角度、不同方向变换观察同一问题，以免被假象所迷惑。

两鸡相斗

★★★☆☆

在下面的"两鸡相斗"图画上添上一笔，使之变成"单鸡自嬉"。你会吗?

 思维能力培养

　　提高创造力要保持好奇心，增强问题意识，在生活中注意发现问题，提出问题，并且注重思维的发散，用更有创造力的方法去回答自己提出的问题。

4-3=5

★★★☆☆

4 7

在什么条件下 4-3=5，你能否以示意方式证明该算式的正确性？

 思维能力培养

　　要提高创造力，就要让自己不停地寻找答案。不能习惯于只追求一个答案，而且在头脑中认定只有一个答案，进而停止对其他答案的思考。这样不利于我们发散思维，因为很多问题不存在标准答案。相反，如果你不停止思考，那么就会找到很多新的方式来解题。

跳越悬崖

48

★★★☆☆

下图中站在左侧悬崖上的牛仔想要到对面的悬崖上，他是怎么过去的呢？

 思维能力培养

　　这是运用幽默的换位思考方式。不要总用一成不变的思维去考虑问题，有时变化一下你的思维方式，利用你身边任何可以利用的事物，可以使很多事情由不可能变为可能。

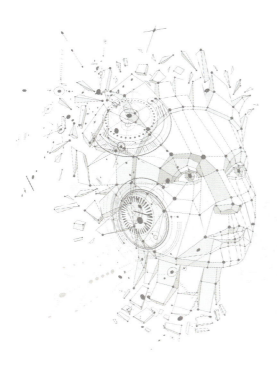

第七章 演算高手

用最理性的方式思考世界

　　爱好数学，并经常做数学题的人，经过日积月累，那些变幻莫测的数字就会激活他的脑细胞，使他的思维奔驰在大脑的"高速公路"上。这就是数学思维给人带来的改变。

　　数学的运算过程是一种很好的思维训练，它能帮助人养成思维习惯，提高思维技巧。

　　要知道，真正有趣、有魅力的东西不是轻易显露在外的，只有你全身心地投入演算中，才能够真正感受到数学的魅力所在，提升自己的思维能力。

纸上画圆

★☆☆☆☆

49

这里有一张边长为 10 厘米的正方形纸，若在纸上画直径为 6 厘米的圆，可以画几个？假设圆与圆之间不可重叠。

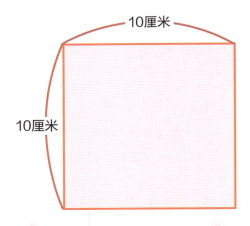

 思维能力培养

用逆向思维解决问题，会使看似复杂的问题简单化。

智偷宝石

★☆☆☆☆

　　狠毒的森林女巫有一个魔法十字架，上面镶着 25 颗宝石。女巫靠着它控制整个大森林。她有个习惯，数宝石每次都从上数到中央，然后分别向左、右、下数，三次的得数都是 13。精灵得知这一秘密后，趁女巫的十字架坏了，化装成工匠前来修理，并设计偷走了上面的 2 颗宝石，使女巫在检查时不会发现，就此破掉了女巫的魔力，精灵是怎么偷的呢？

 思维能力培养

　　在实际思维过程中，要交替使用"横向"和"纵向"两种方式，将其结合，找到解决问题的途径。

J 形菜园

51

★★☆☆☆

康大步家有一块"J"形菜园（如下图所示），他打算把菜园用篱笆围起来，为了知道所需篱笆的长度，他先在 A、B、C、D、E 五点处各打一个木桩，分别量了一下 AB、BC 和 DE 的长度，就计算出了这块菜园的周长。

他是怎样计算的呢？

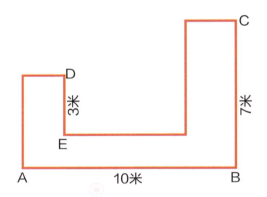

思维能力培养

有些问题看上去很难，让人觉得无从下手，但如果仔细观察，就会发现，换个角度，答案就一目了然了。

时钟的规律

5 2

★★☆☆☆

观察时钟的时间规律，说出底部时钟应为几点。

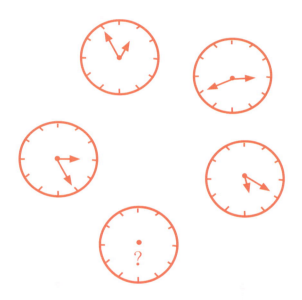

 思维能力培养

仔细观察，找出规律，问题就会迎刃而解。

五个人的体重

5 3

★★☆☆☆

A、B、C、D、E 5 人在一起称体重，他们 3 个人合称了 2 次，2 个人合称了 2 次。具体情况如下：

（1）A+B+D=145 千克。

（2）C+A+E=135 千克。

（3）D+B=100 千克。

（4）B+C=110 千克。

已知 5 个人各自的体重均在 40 千克和 70 千克之间（包括 40 千克和 70 千克），且均是 5 的倍数，请问他们的体重各是多少？

思维能力培养

根据已知条件，找出隐藏的矛盾点，就可以解决问题。

完成镖盘

★★☆☆☆

54

填哪个数能完成这个镖盘？

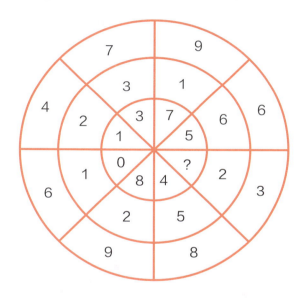

 思维能力培养

从多角度找规律，进行多次尝试，就会发现规律，从而解决问题。

数字矩阵

★★☆☆☆

观察这个矩阵，你能填上未给出的数字吗？

1	1	1	1
1	3	5	7
1	5	13	25
1	7	25	?

思维能力培养

· · ·

通过仔细总结规律，可找到问号的答案。

覆盖的面积

56

★★★☆☆

图中正方形的边长为 6 个长度单位，已知三角形覆盖了正方形 1/2 的面积，正方形覆盖了三角形 3/4 的面积。请问三角形的面积是多少？

 思维能力培养

做题时找到合适的方法，仔细运用方法，即可找到答案。

俄罗斯套娃

★★★☆☆

套娃是俄罗斯的一种民间工艺品。大套娃里面有小套娃，小套娃里面有更小的套娃……现在有一个特产商店出售这种六重套娃，价格是 8700 元，当然也可以单卖，而且相邻大、小套娃的差价是 300 元。

在这种六重套娃之中，最里面的那个最小的套娃要卖多少钱呢？

 思维能力培养

此题采用列方程的方法解决最为简单，通过设未知数列出相应关系式，进而对此题进行求解。

规律填数

58

★★★☆☆

请观察各图形与它下面各数间的关系，然后在问号处填上一个适当的数。

4516　　7924　　?

6824　　4535　　7916

7935　　6816　　4524

思维能力培养

仔细观察图形与数字的关系，找出内在联系，整合信息，即可得到答案。

59

五角星谜题

★★★☆☆

哪个数字填在最后五角星的中央能完成谜题?

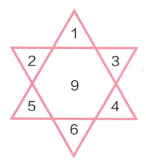

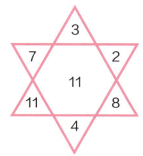

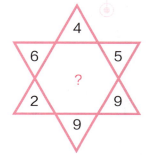

思维能力培养

　　用最简单的方法,直奔问题实质,减少一些不必要的环节,往往可以快速解决问题。

数学思维是逐渐形成并发展的，在最初阶段，人们的思维是具体和直观的，然后逐渐过渡到抽象的思维。数学知识可以锻炼人们思维的逻辑性和抽象性。但是数学被很多人视为枯燥的学问，如果将数学融入生活的应用中，就容易让人更积极、主动、愉快地投入学习，而不会感到它是种沉重的负担。

学习数学，要从生活中熟悉的、有兴趣的问题入手，最好办法是做数学题，重在参与，尤其重在操作。在参与和操作的过程中，才能领会到它的意义。

第八章 商业大亨

用数学思维开启精确思考

打掉铁罐

60

集市上的"办得到"货摊上摆着 9 个铁罐，每个上面都标有一个数字，3 个一组地垒在一起。

比赛者每人只许打三枪，每枪只许打落一个铁罐，如果一枪打掉了两个或两个以上的铁罐，就算失败了。比赛者打掉第一个铁罐后，这个被打掉的铁罐上的数字就是他所得的分数；打掉第二个铁罐，他得到的分数是被打掉的第二个铁罐上的数字的 2 倍；第三个铁罐被打掉后，他所得分数是这个铁罐上的数字的 3 倍。三枪所得分数之和必须正好是 50 分，一分不多，一分不少，才能得奖。

比赛者应该打掉哪三个铁罐？按什么顺序打？

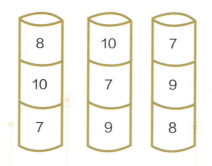

思维能力培养

将思路拓宽，将数学思维及发散思维相结合，即可找到解题思路。

遗产分配

★☆☆☆☆☆

　　一位寡妇将同她即将生产的孩子一起分享她丈夫遗留下来的 3500 元遗产。如果生的是儿子，那么，按照相应的法律，做母亲的应分得儿子份额的一半；如果生的是女儿，做母亲的就应分得女儿份额的两倍。可是，她生了一对双胞胎——一男一女。

遗产应怎样分配才符合法律要求呢？

 思维能力培养

　　找到可变信息中隐藏的不变信息，再根据已知条件，即可解决问题。

加薪方案

6 2

★★☆☆☆

某公司向工会代言人提供了两个加薪方案，要求他从中选择一个。第一个方案是：12 个月后，在 20000 元的年薪基础上每年提高 500 元。

第二个方案是 6 个月后，在 20000 元的年薪基础上每半年提高 125 元。

不管是选哪一种方案，公司都是每半年发一次工资。

工会代言人应向职工推荐哪一个方案才更合适？

思维能力培养

单凭直觉，想当然地得出结论，容易做出错误判断，不妨拿出笔算一算，得出正确的答案。

彩票竞拍

6 3

★★☆☆☆

现有一张售价 1 万元的彩票，是两个人各出 5000 元买下来的。这两个人决定互相拍卖这张彩票。两个人把各自的出价写在纸条上，然后给对方看。出价高的得到这张彩票，但要按对方的出价付给对方钱。如两个人的出价相同，则两个人平分这张彩票权。究竟什么样的出价最有利？

?

思维能力培养

将思维能力运用到生活中，可以轻松解决各类问题。

城堡旅馆

★★★☆☆

　　一座古老城堡被改建成了一个旅馆。但几个月后，许多人都说这个旅馆里有一条狗，经常打扰客人休息。于是，订房间的客人逐渐减少，这让旅馆老板非常着急。但同时，有些喜欢狗的人闻讯赶来预订房间。现在，如果老板能提前测算出狗的出没时间和地点，把适当房间配给适当的人，那就可以让所有的客人都满意了。

　　他发现，1 月到 3 月间，3 号房间每两个晚上狗就会出现一次；4 月到 6 月间，4 号房间每三个晚上狗就会出现一次；7 月到 9 月间，9 号房间每四个晚上狗就会出现一次。现在，他需要测算出最后三个月狗会出现的房间和频率。他要怎样才能算出来呢？

思维能力培养

　　在遇到自己解决不了的问题时，及时改变思路，整合资源，便可得到更多信息，帮助解决问题。

奇怪的现象

6 5

★★★☆☆

3 个女人共同投资经营一家泰迪玩具熊店。在开业的当天上午，她们先将相同数量的玩具以 10 元出售；下午的时候，她们更改了玩具熊的数量，但仍以 10 元出售。有趣的是，一天结束的时候，她们虽然卖了不同数量的玩具熊，但是赚的钱数却相同。那么，你能知道这是怎么回事吗？

思维能力培养

深入挖掘题目的信息，找出隐藏的数量关系，理清思路，即可解决问题。

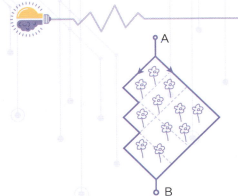

01 最近的距离

两条路一样近。

如图所示，左侧线路的各分段长度之和，正好等于右侧线路的长度。

02 巧取彩球

把塑料管弯起来，使两端的管口互相对接起来，让4个白球滚过对接处，滚进另一端的管口，然后将塑料管两头分离，恢复原形，就可以将彩球取出来。

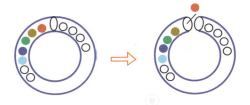

03 咬合齿轮

下降。

A是逆时针转动，则与A齿轮咬合的紫色齿轮是顺时针转动，以此类推得知六边形是向下运动。

04 分割铜钱

可按图中虚线所示进行切割。

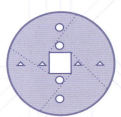

05　奇怪的耶鲁锁

因为插进钥匙，就无法打开门。

这把锁的设计在于如果你把钥匙拔出来，锁栓就变成了一条直线，那样你不用钥匙也可以开门了。事实上，只有你把钥匙插进去才能把门锁住。

06　土地公公的建议

这个问题有解决办法。

如图所示。

07　精致的迷宫

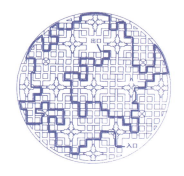

08　驱车寻宝之路

小威尔金斯走的路线是：A→G→M→D→F→B→R→W→H→P→Z。

只有按这条路线走，才能做到从A村到Z村每个村子走一次而不重复。

09 合二为一

如图所示，先堵牢U形玻璃管的两边开口，接着将玻璃管倒过来，使两个乒乓球浮到中央地带，然后按逆时针方向缓缓摆正U形管即可。

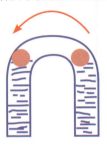

10 俯视

11 巧用尺

用一根木棍作为辅助就可以量出长度。如图所示，从B点垂直竖立一根10厘米的木棍，量出D到C的长度就可以。

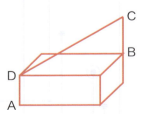

B

关键在于桥墩与桥面之间的搭建。一开始可以多放两块积木做桥墩。当搭了足够多的积木后，桥的构架也就完全稳定了，这时可以把多余的桥墩取走。

如图所示，靠边又不占角的切块都满足条件。仔细数一下可以知道，共有24个。当然，背面也不要忘记!

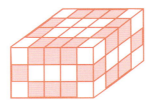

做不出题目要求的相框。

相框是用来装画的，设计图上的形状根本不在同一平面，是一个立体图，所以不管材料有多长，都是无法做成的。

用嘴朝着杯口用力吹气，这样银币就会旋转起来，金币就可以飞出去。

A

18　不一样的素描

原因如图所示。

19　绘图接龙

第四幅图由两个"8"组成。

前三个图案分别是由两个反方向的"2""4""6"组成的，所以第四幅图应该由两个"8"组成。

20　动物排排队

问号处应该填上驴。

在5×4的格子里，六种动物排成一组，不断重复，每次都把每组的第一个动物去掉。顺序就是：12345623456345645656。

21　下一个是谁

C

中心部分的各个图形是逆时针方向旋转的，而周围部分的图形是顺时针方向旋转的。

22　亮着的灯

右边的灯是亮的，因为人的影子在左边。

23 形单影只

E

其他图形都是中心对称，只有E为左右对称。

24 里氏地震回想录

B

结合题意可知，因为新闻报道一定是在地震发生之后，所以（1）一定是最后一项，由此，可排除A、C项。因为地震前动物通常都会先有反应，所以（3）应为第一项，所以应选B项。

25 最佳选择

B

首先通过观察可以发现，第一组图中的桃心与五角星的数量都是三个，运动的方向是从上至下移动。而在第二组图中，桃心、五角星的数量都是两个，但是运动的方向是从下而上。

26 普希金的绘画状态

A

看①语句"每当普希金诗情洋溢时，形象便在脑海里缤纷涌现"，是在表述普希金独特的绘画状态。所以必须跟②相衔接。只有A、B符合，而③句只能做引领句。所以排除B。故选A。

27 怀表的悬赏启事

亨利是偷表人。

因为司机路里并没有把罗蒙德医生的住址写进启事中，启事里只有邮件信箱。只通过启事，是不可能知道当事人的住址的。

参考答案
Reference Answers

28　护送宝马

盗贼把整个车厢都盗走了，把马和手枪队一起带走了。

29　情报电话

摩西在打电话时做了点手脚，在通话时，一讲到无关紧要的话，就用手掌心捂紧话筒，不让对方听到，而讲到关键的话时，就松开手。

这样，警方就收到了这么一段"间歇式"的情报电话："我是摩西……现在……在路易斯大街……和目标……在一起……请你……快……赶来……"

30　神秘的"触电"

鳄鱼是触到电鳗死亡的。

电鳗是淡水鱼，分布于南美洲的亚马孙河和奥里诺科河，身长约2米，它们在觅食或防御进攻时，会放出强大的电流，产生300～800伏的电压，可致人死亡。

31　自吹自擂的小伙

斯蒂芬说刺客从背后过来时，他从水面上看到了刺客的身影，这是根本不可能的。利用物理原理，海的水面是水平的，在垂钓者的下面，水面所反射到垂钓者这边的只能是对面的人和物，而不可能映出身后的人影。

32　奇特行动

A是一个孩子。

为什么这个人下楼乘电梯，而上楼却一步步地登呢？因为电梯从10层到1层用的按钮，小孩的手可以够得着（只需按"按钮1"），而从1层到10层时，需要按"按钮10"，位置太高，小孩的手够不着。"转来转去"是他想看看有没有大人也乘电梯，以便跟着一起上去。

起初，我们都会认为这是一个古怪的人。因为提到"住在10层的人"，脑子里想的是房子的主人，是个"大人"的概念，这是第一个引人上钩的圈套。第二个埋

88

伏就是谁也不会想到电梯的按钮，因为大人一般随手就可按到所有按钮，不存在够不着"按钮10"的问题，这是司空见惯的事情。

33 奇怪的钟表

如图所示，数字都是反过来的：12点11分是11点51分，11点51分是12点11分，12点51分正好也是12点51分。帆帆是看到了没经镜子映照的数字。

这是一个镜像时钟，需要通过镜子映照才能看到真实的时间。

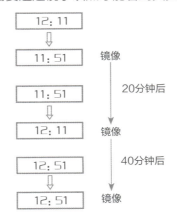

34 摔倒的假象

正确的人是警察。伤者脚底的伤痕从脚趾到脚跟是纵向的，若他真是爬树时从树上摔下来的，那么脚底不会有纵向的伤痕。因为爬树时要用双脚踩住树干，脚底受伤也只能是横向伤痕。

35 继承财产

史密斯夫妻还有一对女儿。

"只有一个儿子"不等于"只有一个孩子"，这样一想，问题就解决了。

36 君子之言

这个人选择了"老死"的死法。

37　王小姐的困惑

周二或周五。

做这个思维题的时候，我们可以根据王小姐所要做的事情进行追踪安排。住宾馆的朋友下周三外出，如果想在一天内完成所有的事情，周三就排除了。因为税务所是周六休息，那么周六也被排除在外。依次类推，可得出答案。

38　少年宫

101舞蹈室，102电工室，201美术室，202书法室，301音乐室，302航模室，401生物室，402棋类室。

39　高难度动作

人紧闭两眼，猴子也两眼紧闭。可是，人什么时候睁开眼睛，猴子是永远不知道的。

40　酒吧服务生

他放在柜台上的是40美分和两个5美分的钱币。如果他想要百威，他就会把40美分和一个5美分放到柜台上。

41　三人考大学

汤姆考上了重点大学，杰克逊考上了一般大学，约翰没考上。

先假定约翰的预言是正确的，那么可以得到约翰和汤姆都考上了重点大学，这与题中的陈述是相矛盾的。再假定汤姆的预言是正确的，则可以推知杰克逊没考上，汤姆和约翰都考上了一般大学，这与题中的陈述也是矛盾的。最后我们假设杰克逊的预言是正确的，则依次可以推知汤姆考上了重点大学，约翰没考上，杰克逊考上了一般大学，这恰与题中的各个条件都相符。

42　梨形灯泡

爱迪生取来一大杯水，往灯泡里倒满了水，然后把水倒进量筒，很快就量出了水的体积，当然也就等于算出了梨形灯泡的容积。

43　一绳两杯

把麻绳的一端缠绕在其中一个杯子的外面，再把这个杯子连缠绕的绳子一起塞进另一个杯子里面，这样就能利用摩擦力把两个杯子都提起来。

44　黏住杯子的水

往套在里面的杯子里倒上一些冰水，再把外面的杯子放在热水里浸泡一下，然后立刻拔出，就可以把两个杯子分开。这是因为热胀冷缩，里面的杯子收缩，外面的杯子膨胀。这个极小的变化，能够破坏那层薄水膜在两个杯子间形成的黏合力，使杯子分开。需要注意的是，动作一定要快，否则杯子会黏得更牢。

45　围困孤岛

这个人在流沙堆积成的小岛上待了10天，这简直与绝食生活差不多了。正因为这样，他的身体变得骨瘦如柴，体重轻得可以渡过这座桥了。

46　两鸡相斗

添一个圆圈围住其中一只鸡，示意一侧为一面镜子。

从四边形上剪去一个三角形，就变成了五边形。如图所示。

6个。

如图所示。纸有正反两面，所以背面还能画出三个圆。

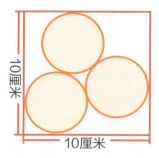

10厘米

10厘米

精灵从横排位置的两端各偷走一颗宝石，然后将下端的一颗宝石移到顶端。女巫按老习惯去数，三次的得数仍然是13。

所求的周长为：（10+7）×2+3×2=40（米）。

如图所示，将菜园部分篱笆按箭头方向平移到图外的虚线处，这样就把所求图的周长问题，转化为求长方形的周长问题，答案是显而易见的。

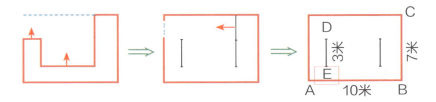

9点55分。

从左上角开始，沿顺时针方向进行，每次分针依次后退15分，20分，25分，等等，而时针依次前进2小时、3小时、4小时……

A=45千克；B=60千克；C=50千克；D=40千克；E=40千克。

根据条件（1）和条件（3）可知，A=45千克。将A代入条件（2）可得C+E=90千克。由题意可知：C的体重可能为40千克、45千克和50千克三种。若C=40千克，由条件（4）B=70千克，将B代入条件（3），得D=30千克，与题意相矛盾，所以C不是40千克。同理可知，C也不能为45千克。可见，C只能是50千克。则E=40千克，B=60千克，D=40千克。

2

在圆内各部分中，外层数字与中间层数字之差即为对角部分内层数字。

63

每一个粉色方格里面的数字由它的左侧、上面,以及左上角的这三个方格数字之和组成。

24个平方单位。

正方形面积为36个平方单位。假设三角形面积为X,我们可以得出这个方程式:3X/4=36/2,答案是X=24。

700元。

用列方程式的方法来解决这道题,就会非常简单。

最里面的套娃假设用x元表示,

第二小的是x+300,

第三小的是x+300+300,

第六个(最大的套娃)是x+300+300+300+300+300

所有这些全部加起来,是6x+300×15=6x+4500。

因为上面的式子应该等于8700,即6x+4500=8700。

那么6x=4200,即x=700。

所以答案是700元。

问号处应该是6835。

六边形在图形外面表示45,在里面表示35;圆在外面表示79,在里面表示16;正方形在外面表示68,在里面表示24。

59　五角星谜题

5

每个图形中心的数字等于上面三个数字之和与下面三个数字之和的差的绝对值。

60　打掉铁罐

先打右边的7号，再打左边的8号，最后打右边的9号。要想使三枪得分的总和正好是50，唯一的办法是先打掉右边一摞的7号罐，第一枪得7分；然后打掉左边一摞的8号罐，第二枪得8×2=16（分）；最后打掉右边一摞已经露在上面的9号罐，第三枪得9×3=27（分）。这样，共得50分。

61　遗产分配

那位寡妇应分得1000元，儿子分得2000元，女儿500元，这样分配才符合法律要求。

寡妇所得的恰是儿子的一半，又是女儿的两倍。如设母亲的份额为x，母亲是儿子份额的一半，那么，儿子将是2x；而母亲是女儿份额的2倍，则女儿是$\frac{x}{2}$，又因为总额是3500元，所以，$x+2x+\frac{x}{2}=3500$元，x=1000元。

62　加薪方案

乍看上去，第一个方案好像对职工比较有利。但实际上，第二个方案才是有利的。

第一个方案（每年提高500元）：

第一年10000+10000=20000元

第二年10250+10250=20500元

第三年10500+10500=21000元

第四年10750+10750=21500元

第二个方案（每半年提高125元）：

第一年10000+10125=20125元

第二年10250+10375=20625元
三年10500+10625=21125元
第四年10750+10875=21625元
显然，第二个方案比第一个多出了125元！

63　彩票竞拍

出价5001元最有利。

如你出价5002元，对方出价5001元，那你不得不付给他5001元，这样一来你买这张1万元的彩票就花了10001元，即多花了1元钱。也就是说出价超过5001元不利。反过来出价少于5000元也不利。你如果出价4999元，在对方出价高于你的情况下，你就亏了1元。所以，出价5001元最有利。

64　城堡旅馆

房间号为32号，频率为每五个晚上狗出现一次。

用房间号乘以这个房间出现狗的间隔天数，再减去这个房间出现狗的间隔天数，得数就是下一段时间出现狗的房间号。每过一段时间，出现狗的间隔天数就会增加1天。所以，最后三个月间，出现狗的房间号为9×4-4=32，频率为每五个晚上出现一次。

65　奇怪的现象

她们一开始以10元出售3个玩具熊。第1个女人卖了30只玩具熊，赚了100元；第2个女人卖了24只玩具熊，赚了80元；第3个女人卖了21只玩具熊，赚了70元。下午的时候，她们开始以10元出售1只玩具熊。这样，第1个女人卖了她最后的3只玩具熊，赚了30元；第2个女人卖了剩下的5只玩具熊，赚了50元；第3个女人卖了剩下的6只玩具熊，赚了60元。所以，她们每个人都赚了130元。

全脑思维
妙趣创造

进阶篇

刘学智◎主编

吉林出版集团股份有限公司

图书在版编目（ＣＩＰ）数据

　　妙趣创造．进阶篇 / 刘学智主编． -- 长春 : 吉林
出版集团股份有限公司，2020.5
　　（全脑思维）
　　ISBN 978-7-5581-8609-7

　　Ⅰ．①妙… Ⅱ．①刘… Ⅲ．①智力游戏—儿童读物
Ⅳ．① G898.2

　　中国版本图书馆 CIP 数据核字 (2020) 第 070444 号

MIAOQU CHUANGZAO JINJIE PIAN

妙趣创造　进阶篇

主　　编：刘学智
出版策划：孙　昶
项目策划：郝秋月　范　迪
责任编辑：郝秋月　于媛媛
责任校对：杨　蕊　周思彤　李易媛
排版制作：长春美印图文设计有限公司
出　　版：吉林出版集团股份有限公司
　　　　　（长春市福祉大路5788号，邮政编码:130118）
发　　行：吉林出版集团译文图书经营有限公司
　　　　　（http://shop34896900.taobao.com）
电　　话：总编办 0431-81629909　　营销部 0431-81629900
印　　刷：长春新华印刷集团有限公司
开　　本：170mm×240mm 1/16
印　　张：12
字　　数：150千字
版　　次：2020年5月第1版
印　　次：2020年8月第2次印刷
书　　号：ISBN 978-7-5581-8609-7
定　　价：60.00元（全2册）

印装错误请与承印厂联系　　电话：0431-86059099

人的大脑分为左脑和右脑两部分，左脑又叫意识脑，侧重理性和逻辑，主要掌管语言、文字、符号、计算、推理和分析判断等，在抽象思维方面占优势；右脑又称本能脑，侧重形象和情感，掌管图形、色彩、空间定位、想象和创造等，在整体知觉和形象思维方面有明显优势。

全脑思维是一种创造性的思维方式。它能充分调动左、右脑的优势，通过任意改变思维方式，从多角度、多视野去认知和思考事物；能多方法、多维度、多层次地提出问题、分析问题和解决问题，是一种高效的思考分析及输出表达过程。

世界著名儿童心理学家让·皮亚杰认为，7~12岁儿童处于具体运演阶段，孩子从表象性思维中解脱出来，认知结构中具有了抽象概念，能够进行逻辑推理。而从人的智力发展的全整性来看，思维能力的提升，将有助于其智能的全面发展。因此，对孩子进行全方位潜能开发和多角度思维拓展，帮助孩子构建创新思维体系，将对孩子的一生起到决定性影响。为此，我们以"多元智能理论"为支撑，以核心素养为培育目标，结合国际前沿基础教育教学理念，为孩子量身打造了一套全脑思维训练丛书。

《全脑思维》以全脑开发为宗旨，按照左、右脑的主要功能，以"逻辑""数学""想象""创造""记忆"五大主题为切入点，精心设计了 600 余道形式多样、内容丰富的思维训练题，并根据题目难易程度，贴心地进行了星级排序，让孩子在自由选择、享受挑战乐趣的同时，全面提升记忆力、专注力、观察力、判断力、想象力、理解力、创造力、逻辑力、分析力、语言力等能力。

这里没有枯燥的公式，仅用简单轻松的方式，带领孩子进入思维世界，打开脑力活动通道，挖掘大脑潜能、优化思维模式、激发多维脑力，让孩子获得解题的快乐和满足，拥有与众不同的思维方式，轻松掌握高效的分析问题、解决问题的思路和方法，提升创造性。如果能够将这些技巧举一反三，还能从中获得更多启发。

现在，就请随我们走进本书，体验快速提升全脑思维能力的喜悦，迈出成功人生的第一步。

目录
Contents

目录
Contents

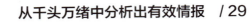

目录
Contents

第八章　商业大亨

第一章　图形达人

跟着感觉走，观察神奇的世界

　　观察是创造力养成的基础，是我们接触外界信息的重要方式。有意识的图形推理训练是提高观察力的重要途径。有效地使用自己的眼睛捕捉到足够的信息，是提升观察力的前提；对看到的事物进行深入的理解和准确的把握，是提升观察力的重点所在。

　　观察不仅仅要着重发现事物的变化，还要观察其内在本质。通过经典的二维图形训练可以锻炼直觉思维，培养多角度、多层次、多方式的观察问题、分析问题并解决问题的思维习惯。

　　经过有意识的观察力训练，你会变得更加聪明、睿智，能发现别人不能发现的东西。

剩下的蛋糕

★★★★☆

这是一个只剩了一角的蛋糕，你知道是怎么看出来的吗？

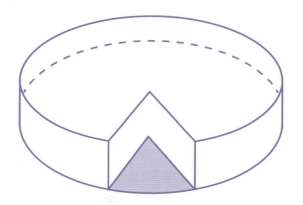

 思维能力培养

当我们面对问题、障碍时，不妨后退几步，从其他方向入手，这就是"以退为进"地解决问题、扫除障碍的方法。

窗外的风景

★★★★☆

下图中，左边的 3 幅窗内图片，哪一幅是右边铁门里的那扇窗户？

 思维能力培养

在观察的时候注意窗户左下角的柱子与右下角的铁栅栏。做这类游戏时，要找到其中的特点，从窗里向外看和从窗外向里看的视角不同，因此要找到一个特点鲜明的物体。

03

没有用的图形

★★★★☆

下图中，ABCD 选项哪几个没有被用上？

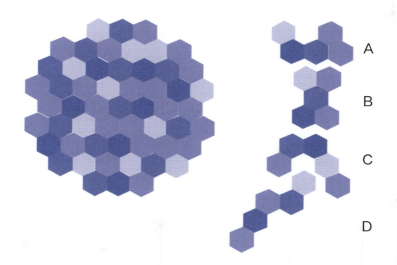

A

B

C

D

思维能力培养

面对复杂的图形，应注意以下技巧：

（1）树立"元素"概念。把每个图形当成是整体的组成"元素"。

（2）要细心观察，善于提炼，找到图形的规律。

（3）不要发生视觉错误。

移动卡片

★★★★☆

盒里放有印着○和 X 记号的卡片各 3 张，卡片的形状和大小完全一样（如图所示）。盒中空出一张卡片的位置，卡片可在此空位上，上下左右自由滑动。你能否将 6 张卡片的位置完全对调一下，放到对方的位置？要求是对调中不能把卡片从盒内取出，也不能把卡片拿起跳过相邻的位置。

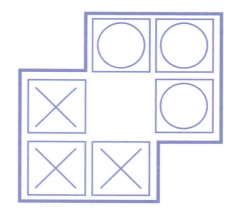

思维能力培养

　　首先想想移动好的卡片与现在的有什么联系，寻找一下解决问题的可能性。解答类似问题时，不要陷于题目的思路，应该找到更便捷的方法，做到多方面思考。

妙趣Ingenious Creation
创造

05

插图

★★★★☆

你能把这 6 个图形不重叠地填入方格中吗？

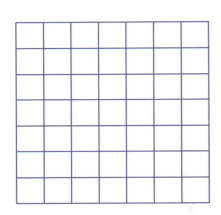 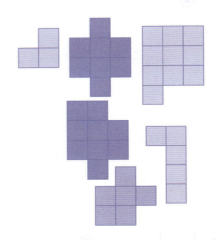

 思维能力培养

　　组合思维是很常见的一种解题技巧。学会组合思维，要根据观察对象的特征，从整体出发，着眼于整体与部分、部分与部分、整体与环境的相互联系和相互作用，再通过分析，以达到解决问题的目的。

高斯解题

★★★★★

数学家高斯因其杰出贡献而被誉为"数学王子"，但并不是所有人都对他得到这一殊荣而心悦诚服。有一天，一个自诩为天才的傲慢青年来找高斯，妄图出一道难题难倒高斯，让他出丑，以夺取"数学王子"的桂冠。青年拿出 A、B、C、D、E、F 六块拼板，让高斯选出两块拼成下面的图形。高斯一眼扫去便发现了其中的诀窍，并想出了三种拼法。那青年自知冒失，便灰溜溜地走了。高斯是怎么拼的呢？

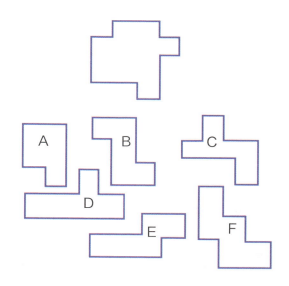

 思维能力培养

规律是解题的关键。要仔细观察所给的图形，可将拼版翻过来用。图形排列可以千变万化，只要仔细观察其变化，最终肯定能发现其内在规律。

超级滑轮组

07

★★★★★

在下面一组齿轮、杠杆和转轮的组合中，实心点是固定支点，空心点是不固定支点。推一下不固定支点，终端的物体 A 和 B 是上升，还是下降呢？

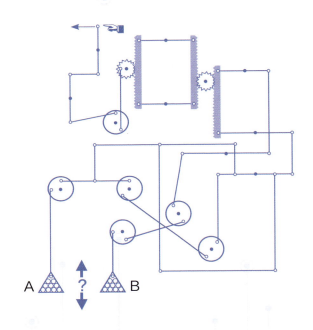

 思维能力培养

　　生活中有很多运动的物体，比如行驶的汽车、流动的河水、飞翔的小鸟。我们可以从许多角度看其变化的规律，这样可以提高逻辑思维能力和思维的灵活性。

孙悟空的营救路线

★★★★★

下图是白骨精精心设计的一个迷宫，唐僧被囚禁在 B 处。孙悟空要从进口 A 处走到 B 处解救师父，只准走 10 条直线，直线可以交叉；每个数字 100 要通过 2 次，其他数字只通过一次，也必须通过一次；碰到数字 50 时须转换方向。孙悟空应该怎样走呢？

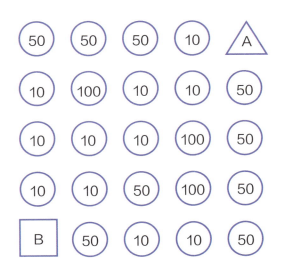

思维能力培养

找到数字的分布规律，根据数字规律来选择路线。在现实生活中思考问题时，不妨"左思右想""旁敲侧击"，从别人想不到的角度去观察分析，解决问题的"钥匙"可能就在手里。

小侦探智脱迷宫

★★★★★

杰克的父亲是一名出色的侦探，在父亲的熏陶下，小杰克也聪明无比。在一次野外探险中，杰克只身外出遇到了哈族人围攻，在狂奔中逃进了一座迷宫城堡。虽然躲避了哈族人的进攻抓捕，却不幸发现自己也迷失在了城堡里（如图1，即杰克所在位置前后左右的光景），幸而，杰克在进城堡时随手抓了几张壁画纸用来探路，而其中一张壁画纸上恰好藏着一幅迷宫结构图（如图2）。聪明的小杰克利用自己的观察和推理很快找到了自己可能在的位置，从而破解了这个迷宫。假如是你在这个迷宫城堡中迷失了，你能如小杰克那样很快找到自己的位置吗？请按照线索推断你自己可能在的位置。你可能在的位置一共有4处噢！

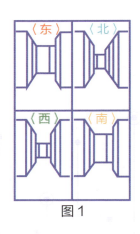

图1

图2

思维能力培养

细心观察，充分调动空间想象力，在头脑中形成立体空间图形，就会很容易解决问题。

第二章 大建筑师

给想象力来一场 3D 风暴

　　每个人都拥有一双眼睛能够看到物体的空间位置，而不是像照片或者图片一样给人平面的感觉。这是因为人的左、右眼看到的图像并不相同，之间细微的差别被大脑识别，这样可以判断物体的空间位置。

　　空间能力具有高度可延展性，通过锻炼，任何人都有可能提高这种能力。

　　通过一些用平面图像表达立体感的训练去思考事物的具体形状、位置，提升立体思维能力，可以更好地认识和了解生活空间，提高空间想象能力。

　　提高空间想象力，可以通过观察生活中的物体、画图辅助想象、动手制作立体模型、依托实物模型进行想象、利用点线面加强对三维空间的认识等步骤来实现。

单摆

★★★★☆

有一个单摆，绳一头系着一个小球，当球摆动到最高点的一刹那，绳子突然断了，请问球将如何落下？

思维能力培养

仔细观察，认真分析，结合身边实际，解决问题。

牵牛花的维度

★★★★☆

我们常常把一维理解为线，二维理解为面，三维理解为空间，那么曲线和曲面呢？盘旋式的蚊香是在一个平面上，可是，牵牛花藤蔓是螺旋式地向上伸展，因此，只有三维空间才能容纳它。那么，能说蚊香盘是二维，藤蔓是三维吗？

 思维能力培养

　　如果严格规定"一维是直线，二维是平面"，解释蚊香盘就应该具备二维知识，解释藤蔓应该具备三维知识。

切割挑战

★★★★☆

任何立方体的表面积都等于立方体六个单面面积相加的总和。例如，下面的这个立方体每一面的边长都是 2 厘米。因此，每一面的表面积就等于 2 厘米 ×2 厘米，即 4 平方厘米。总共有 6 个面，因此这个立方体的表面积就是 24 平方厘米。

现在，挑战来了。要求你将这个立方体切成若干块，使得切割后的表面积之和等于原来这个立方体表面积的两倍，需要切几刀呢？

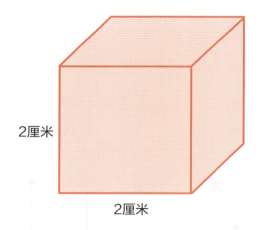

2厘米

2厘米

 思维能力培养

● ● ●

将复杂问题简单化是提升创造力的有效途径。

第七人

★★★★☆

有一座站台，观察后可知上面可以站 6 个人，但是现在有 7 个人，你能替多出来的那个人找个位置吗？

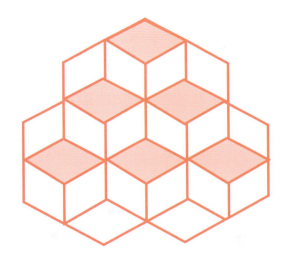

 思维能力培养

　　此题需要对站台有立体想象力。立体思维不能只从平面来思考事物，而忘记它们能够以不同的角度旋转；也不能只思考某一时刻事物的存在，而要思考在时间的推移过程中，事物将会怎样发展，事物之间的种种关系会发生什么样的变化。

纸环想象

★★★★★

用两条宽度和长度相同的纸带做了两个圆环。将这两个圆环在 P 处相互黏在一起，然后沿虚线剪下来（如下图所示）。请问剪下来的形状是什么样的？

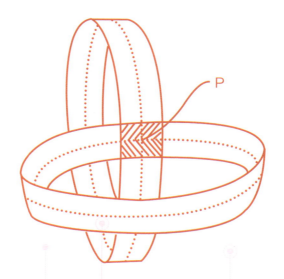

P

 思维能力培养

　　我们可以通过亲手实践加深对空间的认识，用实践的结果验证想象，帮助自己提高信心。

立方体的秘密

★★★★★

由两块木头拼接成一个立方体，立方体的四个侧面有两块木头的接缝。隐藏在后面的两个侧面上的接缝形状，同我们能看到的两个侧面的完全一样。

设想一下，立方体内部的结构是怎样的?

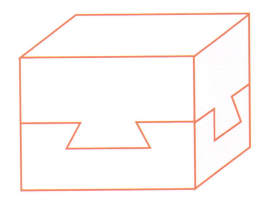

 思维能力培养

仔细观察，分清点、线、面之间的关系是训练空间立体感的好办法。

朝上的点

★★★★★

1|6

下图是一个骰子的展开图。现把它放在桌面上，让 3 点朝上，右面是 5 点。接下来把它向后转两个 90 度（离开观察者），向右转 1 个 90 度，再向前转 1 个 90 度（靠近观察者）。此时应该是哪个点朝上？

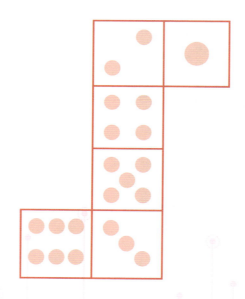

 思维能力培养

要学习简单的透视原理知识，加强练习画一些立体图形，加深对立体的认识。

巧移火柴

★★★★★

6根火柴组成了一个正六边形，加三根火柴，使这个平面图变成立体图，应该怎么加呢？

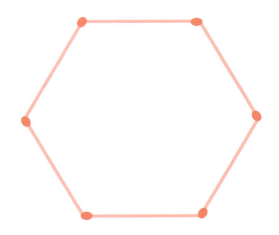

 思维能力培养

　　找到一个正方体，在一个面上画一个黑点，旋转这个正方体。当看不到这个点的时候，想象它应该出现的位置。翻转正方体，观察黑点的位置，验证自己的想象是否正确。反复几次，可以训练立体想象。

五角星

★★★★★

观察下图，在纸条的两端一共画有五个点，你能把这些点全部连接起来画出一个五角星吗？

思维能力培养

人们要建立求异思维，要学会摆脱"正常"的习惯性思维方法，在观察问题和分析问题时不要受到任何原有条件的限制，才能摆脱二维空间的思维惯性。

第三章　秘密特工

从千头万绪中分析出有效情报

　　本来很简单的问题，由于受表面现象的干扰，结果被看得很复杂，使问题无从解决。

　　解决这些问题，就要学会把问题简单化，只要在思维过程中化烦琐为简单，就会在扑朔迷离的万事万物背后发现简单的规律。认真观察，找出问题的本源，就会迅速找到解决问题的关键。

　　巧妙利用自己的知识、养成缜密思维的习惯，通过分析思维对已知的条件进行整理，分清主次详略，并对整理的结果进行重新组合、构建，可以使问题得以顺利解决。

妙计寻贼

★★★★☆

一位著名化学家研制出了很多化学产品，并因此成了百万富翁。在一条繁华的大街上，他购置了一套豪华公寓，把收藏的世界名画和文物摆在客厅里。

一天夜里，有个小偷钻进屋内行窃。他偷了几件文物，经过客厅时顺手摘下了挂在那儿的一幅名画并卷起来，打算从原路逃走。突然，餐桌上放的一瓶高档名酒把他吸引住了。

小偷嗜酒如命，看到酒就迫不及待地喝了起来。

刚喝到一半，忽然听到门外有响声，大概是主人听见有什么响动前来察看了。小偷一慌，忙放下酒瓶，逃走了。

第二天一早，化学家发现家中的几件文物和名画不见了，就连忙报了警。警察局派杰克警长组织破案。

杰克在屋里转了一圈，见罪犯没留下什么痕迹，却有一股酒味。杰克察看了一下餐桌上开着的酒瓶并询问了化学家，于是断定是窃贼喝了酒，便心生一计。他要让这罪犯投案自首。

你知道杰克想出了什么办法吗？

思维能力培养

解决这个问题要注意关键词，比如，题目中涉及了化学家，那么通过化学家就可以联想到化学药品，再利用化学药品促使小偷自己归还失盗物品。

绝境逢生

20

★★★★☆

英国情报局特工 007 在一次执行任务时遭遇强大对手绝杀，为保存实力，007 决定驾车撤离敌区。但当逃到 A 地时，突然方向盘发生故障，不能左转弯了。如果停车修理，敌人就会赶上来；如果扔掉车子逃跑，也很快就会被追上。如能设法逃到 B 点，此后就是直线道路，是可以逃脱的。然而从 A 点到 B 点的路极为狭窄，根本不能调头。面对这样瞬息万变的情况，镇定的 007 只经过那么一瞬间的犹豫，随后便想出了争分夺秒到达 B 点的方法。007 是怎样做到的呢？

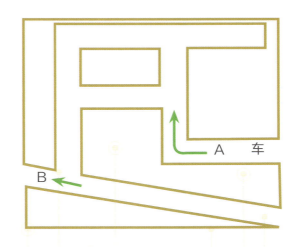

思维能力培养

其实，由题中可以看到，即便不能往左转弯，倒着开还是可以的。要学会利用发散思维来解决问题。

特殊卡片

★★★★☆

2 1

A 至 E 五张卡片中，哪张卡片是特殊的？

G343 CDC	I729 GBI	F216 BAF	E215 BAE	H512 EAB
A	B	C	D	E

思维能力培养

观察能力是创造力的基础。通过观察图片，找到规律，就能找到答案。

长长的楼梯

22

★★★★☆

一条长长的楼梯，若每次跨2阶，最后剩1阶；每次跨3阶，最后剩2阶；每次跨4阶，最后剩3阶；每次跨5阶，最后剩4阶；每次跨6阶，最后剩5阶；每次跨7阶，恰好到梯顶。

问这条楼梯最少是多少阶？

思维能力培养

利用分析思维对已知条件进行整理，分清主次详略，并对整理的结果进行重新组合、构建，可以使问题得以顺利解决。

真假调味品

★★★★★

23

厨房里，我们常常放有糖水、盐水、白水、白酒等瓶子，它们颜色大体相同，所以不容易辨认，故而贴上标签以示不同。

但是，百密一疏，装白酒的瓶子上的标签内容是错的，其他的瓶子上的标签内容都是真的。那么通过标签内容怎么才能知道每个瓶子里分别装着什么呢？

1 号瓶子的标签内容："2 号瓶子里装的是糖水。"

2 号瓶子的标签内容："3 号瓶子里装的不是糖水。"

3 号瓶子的标签内容："4 号瓶子里装的是白水。"

4 号瓶子的标签内容："这个标签是最后被贴上的。"

 思维能力培养

利用假设条件，发现不合理的假设，从而推断出正确答案。

分割十二边形

★★★★★

有两种简单的方法把正十二边形分割成若干个菱形。其中一种已经画在下边，请问另一种可以怎样拼接呢？

 思维能力培养

遇到难题时，通过找规律，即可找到解题思路。

骑马

★★★★★

卡姆、戈丹、安丁、马扬和兰君都非常喜欢骑马。一天，他们5个人结伴到马场骑马。不幸的是，他们当中有个人因为马受了惊吓并狂奔起来而受伤。现在请你根据下列情况判断一下，究竟是谁受伤了？

A. 卡姆是单身汉。

B. 受伤者的妻子是马扬的妻子的妹妹。

C. 兰君的妻子的女儿前几天生病住院了。

D. 戈丹亲眼看见了整个事故的经过，决定以后再也不骑马了。

E. 马扬的妻子没有外甥女也没有侄女。

思维能力培养

推理，就是从细微信息中抽丝剥茧，找到矛盾的地方，从而找到答案。

推理就是大脑思维整合的最后一步，是智力活动的最高级层面。

通过推理，不仅可以活跃思维，挑战智慧，还能最大限度地激发推理潜能，拓展想象空间，在潜移默化中提高逻辑思维能力，提高智商。

我们要养成从多角度认识事物的习惯，全面地认识事物的内部与外部之间、某事物同其他事物之间的多种多样的联系。在进行推理的时候，运用演绎推理、归纳推理和类比推理三种推理方法，找出事物的关联，发现异同，找到答案。

第四章 王牌侦探

唯一的真相躲在隐秘的细节中

过关

★★★★☆

霍普是个国际走私犯，每年从加勒比海沿岸偷运大量钻石，从未落网。

根据海关侦查，6 个月前他曾在海关露面，开了一辆新出的黑色敞篷车，海关人员彻底搜查了汽车，发现他的 3 个行李箱都有夹层，3 个夹层分别藏有一个瓶子：第一个装着砾岩层标本，第二个装着少量牡蛎壳，第三个装的则是玻璃屑。人们不明白他为什么挖空心思藏这些东西。更奇怪的是，他每月两次定期开着高级轿车经过海关，海关人员因找不到证据，每次都不得不放他过去。

迷惑不解的海关总长找名探洛里帮助分析，洛里看着砾岩层、牡蛎壳、玻璃屑深思着。"这些东西有什么意义？"总长心急地问，"他到底在走私什么东西？"洛里沉思良久，恍然大悟，笑着说："这个老滑头，你把他拘留起来好了。"

霍普到底在走私什么东西？

 思维能力培养

解决问题时，要认真分析重要信息，排除多余干扰，抓住有效信息，从千头万绪中得出规律。

27

智擒女盗贼

★★★★☆

一天夜里，博物馆遭袭，经录像科紧急调录像来看是一个女盗贼，有情报说她是从拘留所逃脱，并在盗取博物馆一幅名画后劫了一辆出租车向 A 区（如图）方向逃去。A 社区警察署立即在所有街区紧急部署警力阻截，不巧当晚 A 警署只有 4 名警察。

正在警察署发愁之际，新进警察署的硕士研究员戴维提了个方案，令大家眼前一亮，于是 4 名警察立刻行动，占据了有利道路，用以监视所有道路出口。那么，如何配备警察力量才能有效阻截这个女盗贼呢？请在图上画出四位警察的位置。

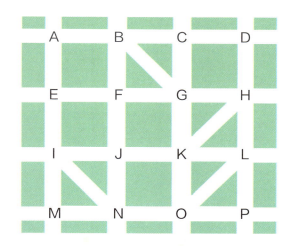

思维能力培养

当思维陷入一个死角的时候，不妨换个角度，让思维更大范围地发散，运用自己的聪明才智，得出答案。

甲有罪吗

★★★★☆

在一起盗窃案的调查中，警官把犯罪嫌疑人定在甲、乙、丙三个人中，并且得知：（1）盗窃犯是带着赃物骑摩托车走的；（2）如果不和甲一起，丙绝不会作案；（3）乙不会骑摩托车；（4）罪犯是三个人中的一个或者两个。

那么，在这个案件中，甲有罪吗？

 思维能力培养

这道题的解题思路采用的是假设。运用这种方法可以根据已知的科学原理和事实材料对事物存在的规律和原因做出有根据的假设和假定，利用已知信息论证假设，从而得出正确的结论。

绑票勒索赎金案

★★★★☆

绑票勒索是我们常见的绑架案形式，一般情况下，警方会将人及赎金一并救出。然而这次，警方感到十分不解。

某银行董事长的儿子被绑架，歹徒索要 20 万美元的赎金。歹徒打电话给受害者的家属说："把钱放在手提箱里，在今晚 9 点放到火车站 22 号寄物箱内。寄物箱的钥匙在旁边公用电话亭的架子下面，用胶布粘着。把手提箱放入寄物箱后，再将钥匙放回原处。"

儿子性命攸关，董事长答应了歹徒的要求，但他还是叫人秘密地报了警。董事长把 20 万美元装进手提箱，于晚上 9 点赶到火车站。在寄物箱附近，已有警察在秘密监视。董事长找到钥匙，把手提箱放入 22 号寄物箱，锁上箱子，将钥匙放回原处后，便驱车离开了。

电话亭附近也有警察监视。可是一直到天亮，歹徒始终没有露面。第二天中午，董事长接到歹徒的电话说："20 万美元已经收到，你的儿子今天就能回家。"警察接报后马上打开 22 号寄物箱。手提箱仍在，但 20 万美元已经没有了。请问：歹徒究竟是怎样把钱取走的呢？

思维能力培养

解决问题的时候有三个步骤：第一，收集掌握各种信息；第二，分析和筛选有效的信息；第三，对重要的信息进行概括、归纳，最终得出正确的答案。

盗窃案

★★★★★

　　泰晤士河畔的一座公寓里发生了一起盗窃案。罪犯十分狡猾，当福尔摩斯赶到作案现场时，发现连时钟都被砸碎了。福尔摩斯找到了一块碎片，长针和短针正好各指在某一刻度上，长针比短针多1格，但看不出具体时间（如下图所示）。但福尔摩斯却从中分析出了作案时间。你知道是几时几分吗？

思维能力培养

　　有时候，思维的要素太繁杂会扰乱我们的正常思路。把各个要素整合起来，从整体思考，可能有事半功倍的效果。

射击训练

★★★★★

军训最后一天，A 班学生进行实弹射击。几位教官谈论 A 班的射击成绩。

王教官说："这次军训时间太短，这个班没有人的射击成绩会是优秀。"

李教官说："不会吧，有几个人以前训练过，这次射击成绩会有人是优秀。"

赵教官说："我看班长或者体育委员能得到优秀成绩。"

结果发现三位教官中只有一人说对了。

由此可以推出以下哪一项肯定为真？

A. 班里所有人的射击成绩都是优秀。

B. 班里有些人的射击成绩是优秀。

C. 班长的射击成绩是优秀。

D. 体育委员的射击成绩不是优秀。

思维能力培养

先找出矛盾点，再根据矛盾点逐一排除，即可得到正确答案。

32

猎人的挂钟

★★★★★

一位住在深山中的猎人只靠屋子里的挂钟来计时，有一天，因为忘了上发条，钟停了，为了核对时间他去了趟集市。

出门前他先上紧挂钟的发条，并记下当时的时间为上午 6：35（时间已经不准了）。途中他经过电信局，电信局的时钟是很准的，猎人看了钟并记下时间为上午 9：00。到市集采购完需要的商品，猎人又沿原路返回。经过电信局时，电信局的时钟显示的是上午 10：00。回到家里，墙上的挂钟指着上午 10：35。请问：猎人应该把时间调到几点几分才是准确的?

思维能力培养

要善用集中思维的方式解决问题，所谓的集中思维是指问题只有一种正确的答案，每一个思考步骤都指向这一个答案，使得收集到的多种已知信息，在思维的带动下向同一个目标靠近，最后探索出一个正确的答案。

总经理枪击事件 33

★★★★★

炎炎夏日的一天傍晚，公关公司总经理在自己的办公室受了重伤，昏迷不醒。现场侦查时发现他头部有枪伤，右手握着手枪，桌子上摆着一台电风扇和一封普通的单页"遗书"。"遗书"中说因事业失败欠款太多而难以承受选择"自杀"。

经现场勘查，办公室的空调确实出了故障，所以在用电风扇。但电风扇的线已从墙壁的插座上拔出，初步分析可能是总经理在受伤后从椅子上翻倒时碰到了电风扇的电源线，因此插销才被拔出的。

刑警为慎重起见，将电源插头插入插座一试，因为电风扇的开关开着，电风扇又转动起来。见状，刑警马上断定，满脸严肃地说："立刻成立专案组。这不是自杀，是有预谋的犯罪。凶手是在射伤总经理后将假遗书放到桌子上，然后逃离现场的。"

那么，这位资深的刑警判断的证据是什么？

思维能力培养

　　学会从细节中发现疑点，从而找到解决问题的关键。

糖块在哪里

★★★★★

两个好朋友，美丽和小侯一起做游戏。美丽有 3 个玩具盒，分别表上了序号 A、B、C。在这 3 个盒子的某一个中，藏有好吃的糖块。小侯要是猜中哪个盒子里有糖块，就可以享用美味的糖块。如下图所示，在每个盒子的外面写有一句话，内容都是有关本盒子是否装有糖块的。

美丽告诉小侯，上述 3 句话中，最多只有一句是真的。小侯能顺利找到糖块吗？要想找到糖块，小侯应该选择哪个盒子呢？

A	B	C
糖块在此盒中	糖块不在此盒中	糖块不在A盒中

思维能力培养

• • •

要善于在多条件下找出矛盾之处，找到矛盾处就找到了解决问题的突破点。

直觉判断，是对自己将要进行的生活和工作做出一个很准确的判断。当对各方面的事情都有了准确的判断后，我们就如同多了一双慧眼，会透过一切扑朔迷离的迷雾，清晰地看到事物的真实本质。

逻辑思维对思维方式和思维转变有着极其明显的作用，与应变能力和创新能力更是息息相关。

冲破思维定式，试着从不同的角度考虑问题，利用逆向思维和换位思考等新的思维模式，并将其与熟悉的场景联系起来，创新能力就会得到突破和提高。

但是一定要记住，"授之以鱼，不如授之以渔"，只要掌握了常用的方法和技巧，以后遇到逻辑思维问题时不但会迎刃而解，还会让你的逻辑思维能力日益提高。

运动会

★★★★☆

1号、2号、3号、4号运动员取得了运动会100米赛跑的前4名。小记者来采访他们各自的名次。

1号说："3号在我前面冲向终点。"另一个得第三名的运动员说："1号不是第4名。"

小裁判员说："他们的号码与他们的名次都不相同。"

你知道他们的名次吗？

 思维能力培养

尝试采用根据信息逐一排除的方法，可以轻松得出正确的答案。

"啊"和"嗒"

36

★★★★☆

有一座真言小岛，岛上半数居民中了邪恶的蛇王的魔法，变成了僵尸。这座岛上僵尸的举止跟流行观念并不一样，不是僵硬着蹦跳走，见人就咬，而是像活人似的四处走动，能说会道，不过没有心而已。所以，这座岛上僵尸永远撒谎，活人永远讲真话。这座真言小岛上的人从来没有出来过，所以并不会讲任何外语，因此，你问他们任何问题，他们总是回答"啊"或"嗒"。其一指是，其一指不。然而，哪个指是，哪个指不呢？只要问一句话就可以知道了，你知道是哪句话吗？

 思维能力培养

要懂得细节的重要性，不可忽视任何一个细节。细节可以决定成败。

分酒

★★★★☆

小芳的吧台上放有 4 个瓶子，分别装有白酒、啤酒、可乐和果汁，每个瓶子上都有标签。但是在装有果汁的瓶子上的标签是假的，其他的瓶子上的标签都是真的。根据下面的提示，你能知道每个瓶子里分别装的是什么东西吗？

甲瓶子上的标签是："乙瓶子里装的是白酒。"

乙瓶子上的标签是："丙瓶子里装的不是白酒。"

丙瓶子上的标签是："丁瓶子里装的是可乐。"

丁瓶子上的标签是："这个标签是最后贴上的。"

思维能力培养

　　假设思维的方法是根据已知的科学原理和事实材料对事物存在的规律和原因做出有根据的假设和假定，并利用已知信息论证假设，从而得出正确的结论。

帽子游戏

★★★★★

有6顶帽子，其中3顶是红色的，2顶是蓝色的，还有1顶是黄色的。甲、乙、丙、丁4人闭上眼睛站成一排，甲在最前面，乙其次，丙第三，丁最后。老师给他们每人戴了一顶帽子，他们不知道自己的帽子的颜色，但后面的人可以看到前面人的帽子的颜色。

老师问丁，丁说判断不出自己所戴帽子的颜色。丙听了丁的话，也说不知道自己戴的是什么颜色的帽子。

乙想了想，也摇了摇头，不知道头上是顶什么颜色的帽子。

听完他们的话，甲笑着说知道自己戴了一顶什么颜色的帽子。

你知道甲戴了什么颜色的帽子吗？

思维能力培养

根据已知条件做出相应假设，然后根据假设得出结论，再与已知条件相对照，找到其矛盾点，从而得出正确答案。

5 分钟煮鸡蛋

★★★★★

你必须恰好用 5 分钟煮 1 个鸡蛋，但你只有一个 4 分钟的沙漏计时器和一个 3 分钟的沙漏计时器。

你可以用这两个计时器算准 5 分钟吗？

 思维能力培养

要解决这个问题，先要了解沙漏的原理。沙漏的制造原理与漏刻大体相同，它是根据流沙从一个容器漏到另一个容器的数量来计算时间的。

想象力是智慧的一部分，在人类的智力活动中占有很重要的地位。只有借助我们头脑里原来的表象进行加工，才能在生活和工作中有更多的创意。

发挥想象力对于思维能力的提高有很大的促进作用，可以通过以下方法提高想象力：

（1）大量的知识储备。

（2）善于对知识进行加工。

（3）培养多种爱好。

（4）破除思维定式。

（5）扩展思维视角。

开动你的创新思维，不断激发自己的创新能力，多一些想法，多一些创造，相信辉煌的成功迟早会来临！

第六章 点子大王

只有想不到，没有做不到

奇妙的搭桥方法

40

★★★★☆

要用 4 根火柴在 4 个杯子上架起 4 座桥，使之四通八达。每根火柴只能有一头搭在杯子上，该怎么架呢？

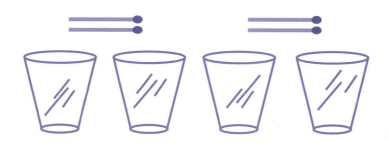

 思维能力培养

打破思维局限要多从宏观角度分析问题。敢于想象，尽量不要受他人的思维的限制。

41

射击

★★★★☆

下图是两个靶标，有个人分别向两个靶标打了5发子弹，得分都正好是100环。他在打第一个靶标时是怎样得分的？在打第二个靶标时又是怎样得分的？

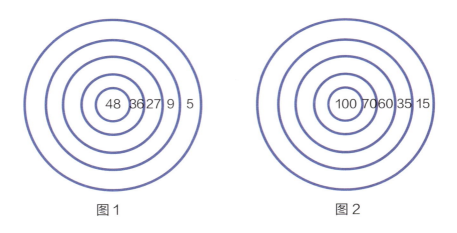

48 36 27 9 5

100 70 60 35 15

图1   图2

 思维能力培养

这道题要打破常规思维，要知道打枪不一定每枪都要打中噢！

泰勒斯的计策

★★★★☆

据说，古希腊哲学家泰勒斯曾经做过吕底亚王克劳苏部下的一名士兵。一次，吕底亚王率部出征，来到一条河边。由于河水较深且湍急，又没有桥梁与渡船，吕底亚王无可奈何地望河兴叹。正当吕底亚王无奈之际，泰勒斯献了一条计策，使大部队在一无桥梁、二无渡船的情况下，顺利地渡过了河。

泰勒斯献了一条什么计策?

 思维能力培养

要实现思维的创新，必须注意要尽量多地增加头脑中的思维视角，尝试从不同方向来思考。

灰姑娘的办法

★★★★★

"我可以去舞会吗？好想去啊……"

灰姑娘虽然收到了邀请书，但担心不能在下午之前把家务活做完。两个姐姐从早上就开始化妆、换衣服，忙得不可开交。灰姑娘一边扫地一边羡慕地看着姐姐们。就在这时，后妈叫灰姑娘："灰姑娘，过来！"

灰姑娘赶紧跑了过去。

"把这些东西一样一样地分出来，在今天之内做完！"

灰姑娘的面前放着一个大桶，里面装满了豆子、沙子、锯末、铁屑和盐的混合物。灰姑娘不由得叹了一口气："唉，舞会是去不成了，这些东西怎么分啊？"

过了一会儿，后妈和姐姐们都出去了，灰姑娘只能失魂落魄地站在那里。

"姑娘，你怎么了？有什么事吗？"突然，一位老奶奶出现在她面前，关心地问道。

灰姑娘把事情从头至尾跟老奶奶说了一遍。老奶奶笑着说："这事很简单嘛。我来帮你。"

灰姑娘按照老奶奶教的方法做，果然很快就把事情做完了。当然，她也就可以参加舞会了。老奶奶教给灰姑娘的方法是什么呢？

 思维能力培养

想提升创造思维能力，就要学会变换各种各样的方式来灵活思考。实际上这种变通的方式也是我们在生活中常用的一种方法，要记得不要让自己的思维只沿用一种模式，要学会变化，调整思考的角度。

数学家的想象

4 4

★★★★★

数学家葛教授出差，住在一家星级酒店里。

一天深夜，人们发现他昏迷在酒店的一间包房里，而随身带的钱包却不见了踪影。罪犯在现场没有留下任何痕迹，只是教授的手里握着一张扑克牌"K"。这个酒店的房门号都是三位数，可是这张牌并不代表"013"号房间，因为酒店恰好没有这个房间。不过聪明的探长一下就明白了，很快便抓到了罪犯。

罪犯在哪一个房间，你能想出来吗？

 思维能力培养

要记住，平常要注意知识的应用性，能够把知识真正活学活用，而不仅仅停留在书本知识表面。要注重知识之间的相互渗透和迁移，只有知识形成体系后，才能真正被吸收和消化。

巧组扑克

★★★★★

45

有 3 厘米 ×4 厘米的扑克牌 12 张，要求用这些扑克牌同时组合出大小不同的多个正方形。但是不能折扑克，不能重叠扑克，不能有同样大的正方形存在。

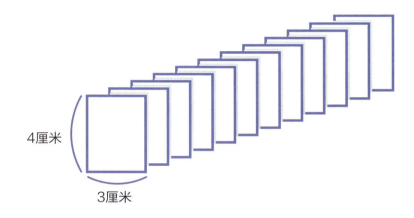

4厘米

3厘米

 思维能力培养

　　这样的题的解题技巧就是把多项貌似不相关的事物通过想象加以连接，使之变成不可分割的整体，从而构成一个新的组合。

缺失一方

46

★★★★★

你能推算出问号处应填什么字母吗？

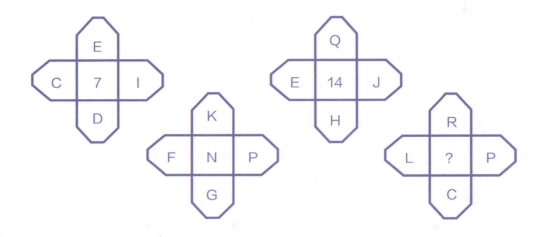

 思维能力培养

　　找出数字与字母之间的关系，便可发现题目中的内在关系，由此得出答案。

　　爱好数学，并经常做数学题的人，经过日积月累，那些变幻莫测的数字就会激活他的脑细胞，使他的思维奔驰在大脑的"高速公路"上。这就是数学思维给人带来的改变。

　　数学的运算过程是一种很好的思维训练，它能帮助人养成思维习惯，提高思维技巧。

　　要知道，真正有趣、有魅力的东西不是轻易显露在外的，只有你全身心地投入演算中，才能够真正感受到数学的魅力所在，提升自己的思维能力。

三位数

47

★★★★☆

有一个三位数，减去 7 后正好被 7 除尽；减去 8 后正好被 8 除尽；减去 9 后正好被 9 除尽。你猜猜这个三位数是多少？

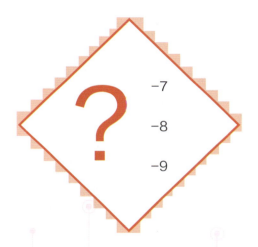

 思维能力培养

正确理解题目深层次的意思是解决问题的关键。

火车速度

★★★★☆

48

　　李振登上火车最后一节车厢，结果发现没有座位，于是开始以相同的速度在火车里向前找座位，这时火车正巧经过 A 站。他向前走了 5 分钟到达前一节车厢，发现仍无座位，他又以同样的速度往回走到最后一节车厢的上车处。这时，他发现火车刚好经过 B 站。如果 A、B 两站相距 5 千米，火车的速度是每小时多少千米？

思维能力培养

　　解决问题需要对策，发挥思维主观能动性，换一个思路，会发现问题其实并不难。

套装三角形

★★★★☆

　　下图中的两个三角形都是正三角形。已知圆内的小三角形的面积为 500 平方厘米，那么，圆外的大三角形的面积是多少平方厘米？

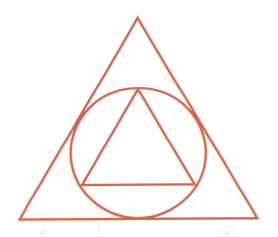

 思维能力培养

　　将大脑的图形识别能力和计算能力结合，可使头脑思维更加柔软。

学徒闯关

50

★★★★☆

　　以前科技不发达，钟表店成为人们继沙漏计时后的第一宠爱对象，其精密的齿轮组合及简单明了的指针让人们爱不释手。老字号的德来钟表店便在这种潮流下发展得热火朝天。

　　这天，阳光明媚，万里无云，德来钟表店门前赫然出现一条招聘广告：本德来钟表店，现因顾客如潮而店员应接不暇，故自本日起招收八名学徒，以便共创大业。要求：每位应聘者必须有初中以上文化程度，体态端正，面容姣好。报名一周后截止，结果两周后公布。

　　考试这天，钟表店老板的秘书为应聘者们出了第一道考题：在我们的钟表店，脑筋清楚是第一要求。我们知道，当时钟在 3 点钟时必定会敲 3 下，我们的田师傅表示，通常敲 3 下共用 3 秒钟，那么请细心考虑后回答，当时钟在 7 点时敲 7 下要花多长的时间呢？答对了便可以进入下一环节。

　　如果你是应聘者，怎样回答才能进入下一环节呢？

思维能力培养

　　从零星的、片段的感知入手进行概括，直接从整体上把握事物各部分之间的联系，有时会得到超出预期的结果。

圆环链

5 1

★★★★☆

哪个数字能填在问号处完成这个圆环链?

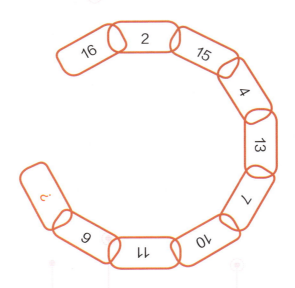

 思维能力培养

　　遇到不能理解的问题时,不妨先找一找为什么存在这样的问题,它的存在是否合理,然后再去分析理解它就不难了。

星斗中的数学智慧

5 2

★★★★☆

空白的圆圈中应该填什么数?

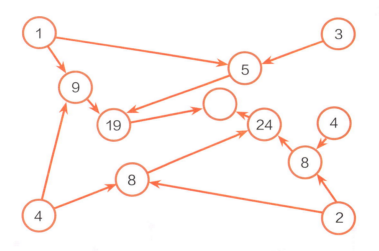

 思维能力培养

　　整合的过程离不开分析,整合是将各要素按一定规律,再度组合成整体的能力。

居民人数

★★★★☆

在 A 城，假设以下关于该城居民的说法都是事实：

（1）没有两个居民的头发的数量正好一样多。

（2）没有一个居民的头发正好是 518 根。

（3）居民的总数比任何一个居民头上的头发的总数要多。

那么，A 城居民的总数最多不可能超过多少人？

 思维能力培养

当固有思维不能解决问题的时候，可以尝试灵活分配注意力发现问题关键，从而解决问题。

塔入云端

5 4

★★★★☆

用正方体木块堆成宝塔形，使得每相邻两层中，上层每个木块的下底面完全遮盖了下层对应木块的上底面。顶层为第 1 层，往下顺次为第 2 层、第 3 层等。图中画出了最上面的 4 层。请问，第 100 层有多少木块？

思维能力培养

要仔细观察，找出规律，然后再用所学知识解决问题。

布袋游戏

★★★★★

当塞·科恩克利伯核对自己的补给品时,他在面布袋上发现了一些有趣的东西。面布袋每 3 个放在一层,共有 9 个布袋,分别标有 1 ~ 9 这几个数字。在第一层和第三层,都是一个布袋与另外两个布袋分开放的;而中间那层的 3 个布袋则被放在一起。如果他将第一层单个布袋的数字 7 乘以与之相邻的两个布袋的数 28,得到 196,也就是中间 3 个布袋上的数字;然而,如果他将第三层单个布袋的数字 5 与之相邻的两个布袋的数 34 相乘,则得到 170。

你能否尽可能少地移动布袋,使得上、下两层上的每一对布袋上的数字与各自单个布袋上的数字相乘的结果都等于中间 3 个布袋上的数字呢?

思维能力培养

在思考问题时要多途径探索、尝试,提出多种设想,最后筛选出最佳方案。

梅齐里亚克的砝码

★★★★★

56

法国数学家梅齐里亚克在他的名著《数字组合游戏》（1624 年出版）中提出了这样一个问题：

一位商人有一个重 40 磅的砝码，一天，商人不小心将砝码摔成四块。后来，商人称得每块碎片的重量都是整磅数，而且发现用这四块碎片可以称从 1 ~ 40 磅之间的任意整磅数的重物。

请问，这四块砝码碎片各重多少？

 思维能力培养

在创造性思考问题的时候，主动探索各种方法非常重要。

生日礼物

57

★★★★★

袁嘉和母亲一起上街为弟弟的生日派对购买糖果和小礼品。袁嘉的母亲专买小礼品，袁嘉专买糖果。关于她们所买糖果和小礼品的数量以及她们所花的钱数，情况如下：

（1）袁嘉身上只带了13枚硬币，而且面值只有三种：1美分、5美分和25美分。她把它们全都用来买了糖果。

（2）袁嘉为亚丁买的糖果每块2美分，她为丁丁买的糖果每块3美分，她为波波买的糖果每块6美分。

（3）袁嘉为这三个男孩儿买的糖果的块数是不相同的，并且每个男孩儿所得到的糖果都不止一块。

（4）袁嘉在付钱时，有两种糖果所付的钱数相同。

（5）袁嘉母亲还买了一些精美的小礼品，而且每一种小礼品的单价都是相同的。母亲买这些小礼品一共花去了4.8美元。

（6）袁嘉买的糖果的块数跟她母亲所买的小礼品的件数是一样多的。

（7）袁嘉为她弟弟买的糖果的块数是最多的。

请问，在这三个男孩儿中到底谁才是袁嘉的弟弟呢？

思维能力培养

· · ·

要做到由简入繁，循序渐进。根据学习的规律过程，建立数学思维要由简单到复杂，由具体到抽象。

数学思维是逐渐形成并发展的，在最初阶段，人们的思维是具体和直观的，然后逐渐过渡到抽象的思维。数学知识可以锻炼人们思维的逻辑性和抽象性。但是数学被很多人视为枯燥的学问，如果将数学融入生活的应用中，就容易让人更积极、主动、愉快地投入学习，而不会感到它是种沉重的负担。

学习数学，要从生活中熟悉的、有兴趣的问题入手，最好办法是做数学题，重在参与，尤其重在操作。在参与和操作的过程中，才能领会到它的意义。

第八章　商业大亨

用数学思维开启精确思考

货物清单

58

★★★★☆

货运官正在一项一项地看着船队要装的货物清单：

货　物	重量（吨）	货　物	重量（吨）
饮用水	28	燃料	42
食物	35	照相机	44
药品	84	啤酒	88
望远镜	48	彩电	63
电池	61	印刷品	77

"加起来正好是 570 吨。"他自言自语地说，"1 号的净载重量是 180 吨，2 号是 190 吨，3 号是 200 吨，三艘船刚好把所有的货物都装上。现在，唯一的问题是哪艘船装载哪些货物。"你能帮帮他吗？

思维能力培养

● ● ●

数字是抽象的，加强对数字规律和数字间关系的把握，通过推理计算，即可得出答案。

好朋友间的默契

★★★★☆

希斯与马克是好朋友，他们住在一个城市。希斯在市郊的一家企业工作，所以要乘火车上下班。通常，他总是 17 点 30 分到达车站。马克总是骑摩托车按时到车站接他的朋友。一天，希斯乘的火车提前 1 小时到达车站，他知道马克这天会来接他，所以下了火车就步行前去迎他，半路他们相遇了，希斯坐上摩托车与马克一同返回，结果，他们较平时早 20 分钟到家。问希斯步行了多长时间？

 思维能力培养

在解决数学问题的时候，要学会运用多种思维能力，综合培养观察力、注意力、记忆力、空间想象力等。

三角鸡圈

★★★★★

一位农民建了一个三角形的鸡圈。在做这个鸡圈的时候，对于这个三角形鸡圈的修建情况，农民做了以下记录：

（1）沿鸡圈各边的桩子之间的距离相等。

（2）等宽的铁丝网绑在等高的桩子上。

（3）面对仓库那一边的铁丝网的价钱为10元；面对水池那一边的铁丝网的价钱是20元；面对住宅那一边的铁丝网的价钱是30元。

（4）买铁丝网时用的全是10元面额的钞票，而且不用找零。

（5）为鸡圈各边的铁丝网所付的10元钞票的数目各不相同。

（6）在他记录的三个价钱中有一个记错了。

请根据以上线索，判断一下这三个价钱中哪一个记错了。

思维能力培养

根据已知条件，找出数量关系，通过排除法，找出正确答案。

聪明的店伙计

★★★★★

6 1

有位店伙计住在 P 村，奉命用四匹骡子运送两个货物并最后把 A、B、C、D 四匹骡子运到 Q 村。其中 A 要走 1 小时、B 要走 2 小时、C 要走 4 小时、D 要走 5 小时。店伙计骑骡子的技术不是很好，所以准备一次骑一匹骡子并牵一匹骡子，牵的骡子驮着货物，而回来时要骑回来一匹，因为走得慢的那匹骡子所需要的时间（从 P 村到 Q 村的时间）快于步行。这位店伙计早晨七点便开始送，请问，他最早几点能把所有的东西送到 Q 村呢？

 思维能力培养

在日常生活中，多发挥思维的能动性，找出各种有用信息，为解决问题做好准备。

巧算面积

★★★★★

假如有一张比例尺是 1 ：1000000 的地图，它的长是 1 米、宽 0.6 米。地图上有一个不规则的地方 S，怎么样算出 S 的面积呢？

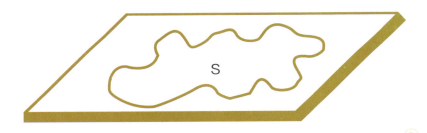

思维能力培养

答题要拥有组合思维，用相互联系来帮助答题。生活中也可以拓展组合思维，比如：铅笔和橡皮。将铅笔与橡皮组合在一起，就可以获得一个带有橡皮的铅笔，是不是再使用起来更方便呢？

令人困惑的概率论

★★★★★

吉姆是概率论专业的大一新生，他所在的大学靠近市中心的地铁站。城市的西边有一个游泳中心，城市的东边有一个排球中心。吉姆既爱好游泳，又爱好排球。每逢周末，他总站在地铁的月台上面临着选择：去游泳，还是去打排球呢？最后他决定，如果朝西开的地铁先到，他就去游泳；如果朝东开的地铁先到，他就去打排球。

吉姆在周末到达地铁站的时间完全是任意的、随机的，例如，有时是周六上午 9:16，有时是周日下午 1:37 等，没有任何规律；而无论是朝东开的地铁，还是朝西开的地铁，都是每 10 分钟一班，即运行的时间间隔都是 10 分钟。因此，吉姆认为，每次他去游泳还是去打排球，可能性的程度应该完全是一样的，就像扔一枚硬币，国徽面朝上和币值面朝上的可能性完全一样。一年下来，令吉姆百思不得其解的是：用上述方式选择的结果，他去游泳的次数占了 90% 以上，而去打排球的次数还不到 10%！

这存在合理的解释吗？

思维能力培养

训练思维对文字的理解能力，面对复杂的表述要学会找出关键点，排除无关的干扰。

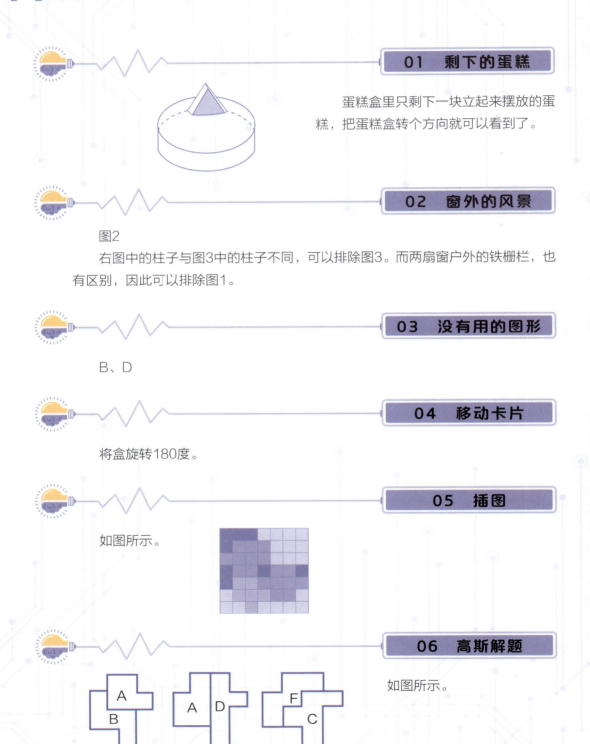

01　剩下的蛋糕

蛋糕盒里只剩下一块立起来摆放的蛋糕，把蛋糕盒转个方向就可以看到了。

02　窗外的风景

图2

右图中的柱子与图3中的柱子不同，可以排除图3。而两扇窗户外的铁栅栏，也有区别，因此可以排除图1。

03　没有用的图形

B、D

04　移动卡片

将盒旋转180度。

05　插图

如图所示。

06　高斯解题

如图所示。

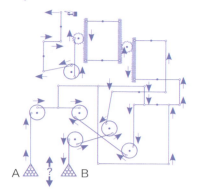

A会上升，B会下降。

　　小杰克其实是用了排除法推断出了自己所处的位置。看图1中的景象，我们可以知道，北只能向左，西向左向右都可以，东只能向右，南也只能向右，只要小杰克找出合乎这几个条件的地方即可。

10 单摆

球是垂直下落的。

当球摆动到最高点的一刹那，球既不向上也不向下摆动，这时就算绳断，球也不再向下摆动，所以小球会直接下落。

11 牵牛花的维度

不能。

从数学规定来看，蚊香、藤蔓都只能看到一条线。因此，蚊香、藤蔓都是一维。为了表示线上某一点的位置，有一个变数就够用了。因为它与前面讲的情况不同，不是垂直伸展的，即使是弯曲的，线上的点也不会离开这条线。

12 切割挑战

切3刀。

将立方体分割为相等的8个小立方体。这8个立方体中每一块的边长都是1厘米，因此其表面积也就是6平方厘米，那么8个小立方体的总表面积为48平方厘米。

13 第七人

将这个站台翻过来就可以了，如图所示。

14 纸环想象

形状如图所示，是一个正方形。

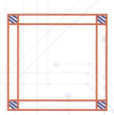

15 立方体的秘密

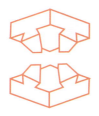

　　内部结构如图所示。初看这道题时，你极可能想当然地假设，这个立方体的底下部分的两道槽是互相垂直的。如果是这样的话，这两部分根本就不可能拼在一起，当然也就谈不上把它们分开了。但这两道槽事实上对于立方体底平面来说呈对角线走向，并且互相平行。这种内部结构使得立方体的两部分很容易拆分开来，并重新拼在一起。

16 朝上的点

　　1点朝上。

17 巧移火柴

18 五角星

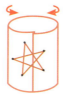

19 妙计寻贼

　　杰克让化学家写份声明，登在报上。化学家首先说明自己的身份，并声明失窃那天晚上放在餐桌上的那瓶酒里有毒，谁喝了，不出5天必定中毒身亡，他要求爱好那幅画和那几件文物的朋友尽快到他家服解毒药，否则会有生命危险。

　　窃贼看到声明以后信以为真，第二天便带着那幅画和那几件文物自首了。

20 绝境逢生

只要先右拐到C点，再向后倒开就可以到达B点。

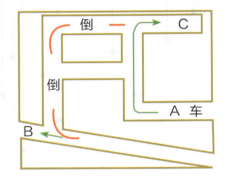

21 特殊卡片

D

其他各组中，按字母在字母表中的正数序号计算，每组第一个字母的立方数即为图中的数字，也是后面的字母序号所表示的数字。例：G=7，7³=343，CDC=343；H=8，8³=512，EAB=512。

22 长长的楼梯

这条楼梯共有119阶。

根据前5个条件可知，这条楼梯的阶数只要再加1，就是2、3、4、5、6五个数的公倍数。由于这五个数的最小公倍数是60，所以60-1=59能满足前面五个条件的最小自然数。但是59不能被7整除。因此，只要在59上连续加60，直到能被7整除为止，这个数就是所求楼梯的阶数。

59+60=119，119能被7整除。即这条楼梯共有119阶。

23 真假调味品

1号瓶子装的是白水，2号瓶子装的是糖水，3号瓶子装的是白酒，4号瓶子装的是盐水。

假设1号瓶子的标签是假的，那么3号的标签说的是真的，即4号瓶子装的是白水，2号瓶子的标签也是真的，就是说3号瓶子里是盐水，2号瓶子里是糖水。这样的话1号瓶子的标签就不是假话，所以这个假设不成立。

所以，1号瓶子的标签是真的，2号瓶子里装的就是糖水，它的标签也是真的。

如果3号瓶子的标签说的是真话的话，4号瓶就是白水，它的标签也是真的，那么就变成所有的标签都是真的，这是不合题意的，不可能。

所以，3号瓶子的标签内容有假（3号为白酒），4号瓶子里不是白水。

因此，4号瓶子里是盐水。

剩下的1号瓶子里就是白水。

24 分割十二边形

25 骑马

安丁是受伤者。

根据A和B，卡姆是单身汉，而受伤者是有妻子的，所以卡姆没有受伤。根据D，戈丹亲眼看见了整个故事的经过，他还决定以后不再骑马了，所以戈丹没有受伤。根据B，可以确定不是马扬。根据B、C、E，马扬的妻子是受伤者的妻子的姐姐，而她没有外甥女也没有侄女，说明受伤者没有女儿。而兰君有女儿，因此受伤者不是兰君。所以，安丁是那位不幸的受伤者。

26 过关

他走私的东西是汽车。

霍普走私的正是他每月定期开过海关的汽车，而他的那3个神秘的行李箱是转移海关人员视线的工具。当海关人员为此而头昏脑涨时，也就忽视了走私的汽车。

27 智擒女盗贼

如图所示。

通过观察可以发现图中共有十六个路口，找出可以监视四个不同方向的路口即可。在这样的路口，每个警察都可以守住不与他人重合的路口。这样，不管盗贼从哪一个出口逃走，都无法绕开警方的视线。

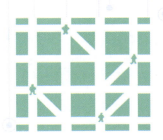

28 甲有罪吗

甲是有罪的。

先假设乙是没有罪的，那么罪犯是甲或者丙，但是丙是要和甲一起作案的，所以在乙没有罪的情况下，甲肯定有罪；如果乙有罪，由于乙不会骑摩托车，他一定要伙同一个人作案，如果他伙同的是丙，那么甲一定也会去。所以甲还是有罪的。

29 绑票勒索赎金案

歹徒从22号寄物箱背后的箱子里，将中间的隔板取下，然后把手提箱拉过去，取出钞票后再把手提箱推回原处，最后再放好隔板，将一切恢复原状。

30 盗窃案

作案时间是2时12分。

短针走一刻度相当于长针的12分钟，故当短针正指着某一刻度时，长针必有0分、12分、24分、36分、48分等几个位置。研究两针的位置之后便可得出答案。

31 射击训练

D

王教官与李教官说的话是矛盾的，因此两个人的话肯定是一真一假。假设王教官说得对，则赵教官说的话就是假的，这与题干中说三位教官中只有一人说得对相符合。

我们可以得出结论：选项中符合王教官的命题或者与李、赵二位教官相反的命题即为真命题。

32　猎人的挂钟

猎人应该把时间调到11：30。要明确猎人出发的时间是6：35，回去的时间是10：35，也就是说猎人去市场来回的时间是四个小时，而在集市上的时间是一小时。因为他两次经过电信局的时间一个是9：00，一个是10：00，所以他在路上的时间是三个小时。从中我们可以得知从他家到电信局的时间是一个半小时，根据他第一次到电信局的时间是9：00，我们就能算出来，他出发的时间是7：30，到家的时间应该是11：30。

33　总经理枪击事件

插上电源线电风扇开始转动，桌子上的"遗书"就会被吹跑了。而那份"遗书"被发现时仍放在桌子上。这就是说，总经理昏迷后碰断了电源线使电风扇停止转动，然后凶手才将"遗书"放在桌上。

34　糖块在哪里

糖块在B盒子中。

A盒子上的话和C盒子上的话是矛盾的，所以两句话必有一真。又因为3句话中最多只有一句是真话，所以B盒子上的是假话。

35　运动会

第一名是3号，第二名是1号，第三名是4号，第四名是2号。

36　"啊"和"嗒"

只要问他是不是活人就可以。因为这座岛上个个都要自称是活人，所以，活人也罢，僵尸也罢，都会做肯定回答的。既然如此，如果他答"啊"，"啊"就指是；如果他答"嗒"，"嗒"就指是。

 37　分酒

　　首先确定哪个瓶子里是果汁，然后开始假设推理。假设甲瓶子装的是果汁，那么乙瓶子装的就不是白酒；根据乙瓶子上的话可以知道，丙和丁瓶子里装的也不是白酒，只有甲是白酒，与假设矛盾，所以甲不是果汁。

　　假设乙瓶子里是果汁，而甲说乙装的是白酒，所以也矛盾。

　　假设丁瓶子装的是果汁，丙说丁瓶子装的是可乐，也产生矛盾。

　　所以，只有一种可能，就是丙装的是果汁，从而得出正确答案：

　　甲瓶子里装的是可乐。

　　乙瓶子里装的是白酒。

　　丙瓶子里装的是果汁。

　　丁瓶子里装的是啤酒。

 38　帽子游戏

　　甲戴了红色帽子。

　　甲、乙、丙3人戴的帽子的颜色有下面6种可能：红红红、红红蓝、红红黄、红蓝黄、红蓝蓝、蓝蓝黄。站在最后的丁说不出自己戴了什么颜色的帽子，说明前面3人肯定不是蓝蓝黄，否则他就可以推出自己戴的是红帽子。丙前面两个人戴的帽子的颜色可能是：红蓝、红黄、红红、蓝黄、蓝蓝。但他也说不出自己戴的帽子的颜色，所以前面两个人不可能是蓝蓝、蓝黄。因为如果是蓝蓝、蓝黄，丙就能推出自己戴的是红色的帽子。根据上面的推理，甲、乙的帽子的颜色只能是红蓝、红黄、红红，如果甲的帽子的颜色是蓝或黄，乙一定能推出自己的帽子是红色的。因为乙没有推出自己的帽子的颜色，所以甲的帽子的颜色一定是红色的。

 39　5分钟煮鸡蛋

　　可以，只要能够按照适当的顺序。

　　可以将装满沙子的4分钟沙漏里的沙子倒入空的3分钟沙漏里，则4分钟沙漏中还剩余的沙子可漏1分钟，然后将满的3分钟沙漏中的沙子倒掉，将4分钟沙漏中剩余的沙子放到3分钟沙漏中，再将4分钟沙漏装满，开始煮鸡蛋并计时，当4分钟沙漏全部漏完后，3分钟沙漏中的剩余沙子开始漏，刚好为5分钟。

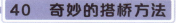

40　奇妙的搭桥方法

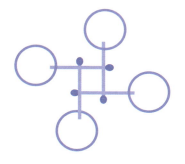

如图所示，把4根火柴一头分别放在4个杯子的边缘上，另一头互相交叉即可。

41　射击

打第一个靶标的得分情况是：5环、5环、27环、27环、36环。打第二个靶标的得分情况可以是仅命中1发子弹，中标100环，其余4发子弹都打飞了；或者70环、15环、15环，其余2发子弹打飞了。

42　泰勒斯的计策

泰勒斯指挥部队在营寨后面挖了一条很深的弧形沟渠，使其两端与河水连通。这样，湍急的河水分两股而流，原来河道的河水就变得浅而缓，大部队就可以涉水过河了。

营寨

43　灰姑娘的办法

先利用磁铁，将铁屑从混合物中分离出来；再利用筛子分离出豆子；将剩下的东西放进装满水的桶里，锯末会浮在水面上，可以把锯末分离出来；桶里只剩下沙子和盐，沙子会沉底，将水倒出来，就可以分离出沙子；最后将水蒸发，留下的只有盐了。

 44 数学家的想象

314房间。

通过对扑克牌的谐音想象，"牌"与"π"谐音；而"K"旋转一下，形状也类似于"π"。π即圆周率，3.1415926……一般取3.14计算。再通过题目中给出葛教授是数学家，那么就可以想象到数学家用π的数值提醒人们，罪犯住在这个酒店的314号房间。

 **45 巧组扑克**

如图所示，这样组合就会出现5种正方形。

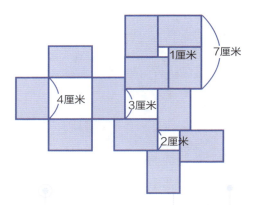

 46 缺失一方

S

根据26个英文字母所在的位置，用上面的字母值与右面的字母值之和，减去左面的字母值与下面的字母值之和，得数即为中间的字母值。

 47 三位数

504

因为7、8、9正好是一组倍数，所以求三个数的最小公倍数为7×8×9=504。

30千米/小时。

其实不必考虑他来回的速度和走了多远距离，只看作他待在最后一节车厢里，用了10分钟，火车行驶了5千米即可以得出结论。

2000平方厘米。

如果静止地观察图形，很难看出圆外的正三角形和圆内的正三角形之间的数量关系，同时问题中也不具备套用三角形面积公式的条件。如果让图形动起来，将圆内的小三角形绕圆心旋转60°，得到如图所示的图形。不难看出，圆外的正三角形正好被平均分成4个小正三角形，即圆外正三角形的面积是圆内正三角形的面积的4倍。所以圆外正三角形的面积是：500×4=2000（平方厘米）。

9秒。

3点的时候敲3下，中间有两个时距，两个时距共花了3秒，1个时距应该是1.5秒。7点时，时钟敲了7下，一共6个时距，就是1.5秒乘以6等于9秒。

16

沿顺时针方向间隔取值，其中一组依次减少1、2、3、4，另一组依次增加2、3、4、5。

62

除了角上的那几个，每个圆圈被两个箭头指着，这两个箭头一长一短。每个圆圈中的数都是短箭头所来之处的数与长箭头所来之处的数的两倍相加而得到的和。

A城居民的总数最多不可能超过518人。

把A城的所有居民依据他们的头发数量由少至多按顺序编号。在这个编号中，以下两个条件必须满足：第一，1号居民没有头发。第二，n号居民的头发数量是n−1根。例如，2号居民的头发是1根，100号居民的头发是99根，等等。

否则，居民的总数不可能比任何一个居民头上的头发的总数要多。

如果居民的人数超过518人，则编号大于518的居民的头发的数量就会与他们的编号相等，破坏了上面的第二个条件，使得居民的总数不可能比任何一个居民头上的头发的总数要多。因此，A城居民的总数不可能超过518人。

5050

用a_n表示第n层木块的个数，那么从图可以看出：

$a_1=1$

$a_2=1+2=3$

$a_3=（1+2）+3=6$

$a_4=（1+2+3）+4=10$

以此类推，得到

$a_{10}=1+2+3+\cdots+100=\dfrac{（100+1）\times 100}{2}=5050$

能，最少为3步。

在第一层，将布袋7和2交换，这样就得到单个布袋数字2和两位数字78，两个数相乘结果为156；接着把第三层的单个布袋5与中间那层的布袋9交换，这样，中间那层数字就是156；然后将布袋9与第三层两位数中的布袋4交换，这样，布袋4移到右边成为单个布袋，这时，第三层的数字为39和4，相乘的结果为156。总共移动了3步就把这个题完成了。

56　梅齐里亚克的砝码

四块砝码碎片应分别重1磅、3磅、9磅、27磅。

天平的两个秤盘分别为砝码盘和称量盘，在砝码盘上只能放砝码，而在称量盘上除了可放重物外还可以加放砝码。

有一系列砝码 A、B、C……（均为整数磅），把它们适当地分放在两个秤盘上，就能称出从 1 到 n 所有整数磅的重物。梅齐里亚克指出：如果有一块新砝码 P，只要它的重量是原有砝码的重量总和 n 的两倍加 1（P=2n+1），那么，当这个新砝码 P 加入砝码组 A、B、C……之后，就能称出从 1 至 3n+1 的所有整数磅的重物。

在商人摔碎的四块碎片中，如果要使碎片 A 和 B 能称出最多种重量，那么 A 必须是 1 磅，B 必须是 3 磅，这两块碎片就能称出 1、2、3、4 磅的重物。

假如第三块碎片 C 的重量等于 2n+1 = 2×（1+3）+1=2×4+1=9（磅），那么，用 A、B、C 三块碎片就能称出从 1 至 3n+1=3×（1+3）+1=13（磅）的所有整数磅重物。

第四块碎片 D，它的重量等于 2n+1=2×（1+3+9）+1=2×13+1=27（磅），那么，A、B、C、D 这四块碎片就能称出 1 至 3n+1=3×（1+3+9）+1=40（磅）的所有重物。

所以，商人摔碎的四块砝码碎片应分别重 1 磅、3 磅、9 磅、27 磅。

57　生日礼物

丁丁。

现在假设P为袁嘉身上所带的1美分硬币的枚数；N为袁嘉身上所带的5美分硬币的枚数；Q为袁嘉身上所带的25美分硬币的枚数；T为袁嘉为买糖果所花费的总钱数（单位为美分）；a为袁嘉给亚丁所买的糖果的块数；b为袁嘉给丁丁所买的糖果的块数；c为袁嘉给波波所买的糖果的块数；d为母亲所买的小礼品的单价；F为母亲所买的小礼品的件数。

根据已知条件（1），我们可以得出方程①②：

方程① P+N+Q=13

方程② P+5N+25Q=T

根据已知条件（2），我们可以得出方程③：

方程③ 2a+3b+6c=T

根据已知条件（3），我们可以得到以下结论：

a、b、c各不相同而且都大于1。

根据已知条件（4），我们可以得到以下结论：

2a=3b，或者2a=6c，或者3b=6c。

根据已知条件（5），我们可以得到方程④：

方程④ F×d=480

根据已知条件（6），我们可以得到方程⑤：

方程⑤ a+b+c=F

根据已知条件（7），问题可以重新表述为：

a、b、c中哪个最大？

根据数学常识，我们知道：两个奇数之和肯定是偶数；两个偶数之和肯定还是偶数；一个奇数加上一个偶数其和必然是一个奇数。同样，两个奇数相乘，其积必然是奇数；两个偶数相乘，其积必然是偶数；一个奇数和一个偶数相乘，其积则必然是偶数。

带着这些数学常识去观察上述方程。在方程①中，由于三个正整数之和为奇数，所以P、N、Q这三个数都是奇数，或者这三个数中只有一个是奇数。但是无论上面哪种情况成立，方程③中的T则总是奇数，这是由方程本身的结构决定的。根据同样的道理，方程③中的b也是奇数。因此，根据条件（4）中得到的结论，2a就不可能等于3b了，这是因为2a是偶数，而3b是奇数。同样，3b也不可能等于6c，这是因为6c是偶数，而3b是奇数。因此，唯一成立的是2a=6c。当我们推理到这里时，就可以知道c绝对不是最大的数，因为a必定大于c。这时，我们在方程的左右两端均除以2，便可以得到a=3c。将这个等式代入方程⑤中，便可以得到下面的一个方程：b+4c=F。

由于b是奇数，所以可以肯定的是，在上面这个方程中F是一个奇数。由于在方程④中，480是F与d的乘积，F是奇数，则d是一个偶数。在这个乘积中，F可能取到的奇数值只有1、3、5或15。F等于1或3是绝对不可能的，因为假设F等于1或3，那么在方程b+4c=F中，b和c就不可能是正整数了。同样，根据已知条件（3），b和c不可能等于1，所以F也不等于5。因此，F的值一定为15。

于是，b+4c=15，而c不能大于3，或者小于1，所以c必定等于2。将其代入方程b+4c=15中，可以得出b=7。将其代入方程a=3c中，得出a=6。所以，在a、b、c三个数中，b才是最大的数。

因此，根据已知条件（7），丁丁才是袁嘉的弟弟。

　　1号应装载燃料、电池和印刷品；2号应装载食物、照相机、望远镜和彩电；3号应装载饮用水、药品和啤酒。

　　回答这个问题的时候要注意题目与答案的关系。比如1号的净载重是180吨，那么就要看到题目中，燃料、电池和印刷品的重量正好为42+61+77=180（吨）货物，因此1号可以装载燃料、电池和印刷品；同样的道理，2号应装载食物、照相机、望远镜和彩电，为35+44+48+63=190（吨）货物；3号应装载饮用水、药品和啤酒，为28+84+88=200（吨）货物。

　　希斯步行了50分钟。

　　用一般的数学方法来求解是既费时又费工的。我们可以这样想，因为他们这天提前20分钟到家，所以我们可以看出，他们所节约的20分钟时间正是马克乘摩托车从他们的相遇地点到车站往返一次所花费的时间，也就是说，马克乘车来完成希斯步行走过的路程，只需要10分钟。又因为马克的出发时间和平时一样，同样打算于17点30分到达车站，所以他们相遇的时间是17点20分。希斯这天实际到达车站的时间是16点30分，所以，他步行了50分钟。

　　面对仓库的那一边铁丝网的价钱是40元而不是10元。

　　根据农民所做的记录（1）（2）（3）（6），三角形鸡圈三边的长度比为1：2：3，但是其中有一个数字是错误的。

　　根据记录（4），错误的数字是一个整数。

　　根据记录（5），错误的数字必须代之以大于3的整数。如果以大于3的整数取代2或3，则不可能构成一个三角形，因为三角形任何两边之和一定要大于第三边。因此1是错误的数字，也就是说，面对仓库的那一边铁丝网的价钱10元，记错了。

　　如果用大于4的整数取代1，比如5，则三边长度比为5：2：3，2+3=5，则不符合三角形两边之和一定要大于第三边的定律，仍然不可能构成三角形鸡圈。但是，如果用4取代1，则正好可以构成一个鸡圈。因此，面对仓库的那一边铁丝网的价钱是40元而不是10元。

61　聪明的店伙计

最早是晚上七点钟。

考虑此题时重要的有两点：一是A、B与C、D要同时走，因为要以走得慢的骡子所需时间来计算，只有这样才能有利于节约时间；二是回来时要骑跑得快的骡子。C和D绝对不行，A最好。

以此为原则：最佳顺序是：（1）让A和B先到Q村（2小时）。（2）骑上A，回到P村（1小时）。（3）让C和D到Q村（5小时）。（4）骑上B，回到P村（2小时）。（5）最后让A和B到Q村（2小时）。或者把第2步和第4步调换过来也可以。

62　巧算面积

将这张地图黏合在一张平整的木板上，称出整个木板的重量，假定为a克。

再沿地图上S这个地方的边界锯下，称一下其重量，假定是g克，可以这样计算：

S的实际面积/整个地图的实际面积 ≈ g/a

如何求出整个地图的实际面积呢？由于比例尺是1∶1000000，这就是说地图上1厘米就相当于地面上实际10千米，地图上1平方厘米就相当于地面上实际面积：

10 × 10 = 100(平方千米)

由于这张地图的面积是：

1米 × 0.6米 = 0.6平方米 = 6000(平方厘米)

相当于地面上的实际面积：

100 × 6000 = 600000(平方千米)

因此，地图上S这个地方的实际面积：

600000 × g/a(平方千米)

63　令人困惑的概率论

存在。